Fairy Tales in Latin

Fabulae Mirabiles

Fairy Tales

collected and translated into Latin
by Victor Barocas

Edited by Susan Schearer
Illustrations by Brad Rhodes
for PRO SCIENTIA

HIPPOCRENE BOOKS, INC.
New York

Paperback edition, 2015
Copyright © 2000 Pro Scientia.

For information, address:
HIPPOCRENE BOOKS, INC.
171 Madison Avenue
New York, NY 10016
www.hippocrenebooks.com

ISBN-13: 978-0-7818-1341-9
ISBN-10: 0-7818-1341-7

Printed in the United States of America.

For Andrew, Claire, Eileen, and Mary Jo,
whose grandparents did so much for us.

Acknowledgements

Two people deserve special mention for their contributions to this work. Susan Schearer's thorough editing and numerous suggestions were invaluable in the production of the final version. Without her help, the Latin would have been clumsy and the stories difficult to read. Brad Rhodes endured numerous delays and changes in the list of stories, and in spite of these difficulties he produced a wonderful set of illustrations for the book.

Pro Scientia

Victor Barocas
Kenneth Chern
Heidi Deringer
Thomas Perrelli
Brad Rhodes

TABLE OF CONTENTS

TRES PORCELLI

lim anus porca tres filios misit qui suam 1
fortunam invenirent. Primus porcellus viro multum
stramenti portanti occurrit. "Quaeso," ait porcellus,
"da mihi stramentum quo domum aedificem." Vir
porcello stramentum dedit, et porcellus suam domum 5
e stramento aedificavit.

Paulo post adambulavit magnus malus lupus, qui
portam pulsavit. Ait lupus, "Porcelle, porcelle, me
inire sine!"

Porcellus, qui lupum timuit, respondit, "Non per 10
comam men-men-menti!"

Clamavit lupus, "Ergo huffabo et puffabo et tuam
domum inflabo!" Et huffavit et puffavit et flavit tanta
vi ut domus vastaretur. Tum magnus malus lupus
infelicem porcellum voravit. 15

Secundus porcellus viro fascem ramorum portanti
occurrit. "Quaeso," ait secundus porcellus, "da mihi
ramos quibus domum aedificem." Vir porcello ramos
dedit, et porcellus suam domum e ramis aedificavit.

Mox idem magnus malus lupus appropinquavit. 20

Cum primum porcellum modo edisset, tamen esuriebat. Vidit domum e ramis factam et ait, "Porcelle, porcelle, me inire sine."

Porcellus timuit, et respondit, "non per comam men-men-menti!"

Iterum clamavit lupus, "Ergo huffabo et puffabo et tuam domum inflabo!" Et huffavit et puffavit et flavit potentius, et domus lignea vastata est. Et magnus malus lupus porcellum secundum cepit et voravit.

Tertius porcellus astutus erat. Invenit virum lateres portantem et ab eo petivit, "Quaeso, vir, da mihi lateres quibus meam domum aedificare possim." Vir porcello lateres dedit, et porcellus suam domum e lateribus aedificavit.

Sed magnus malus lupus adhuc esuriebat! Domum porcelli vidit et portam pulsavit. Ait, "Porcelle, porcelle, me inire sine!"

Respondit porcellus, "Non per comam men-men-menti!"

Et lupus clamavit, "Ergo huffabo et puffabo et tuam domum inflabo!" Et huffavit et puffavit et flavit potentissime, sed fortis domus latericia constitit. Cum se hanc domum inflare non posse reretur, lupus, qui maxime esuriebat et callidissimus erat, ait, "Porcelle, scio ubi pauca bona rapa sint."

"Ubi?" rogavit porcellus, cui rapa placebant.

"In agro Marci. Si mihi occurres secunda hora cras, ire et rapa colligere poterimus."

"Optime," respondit porcellus, et magnus malus lupus abiit. Sed mane, porcellus profectus est prima hora, rapa collegit, et domum revenit ante secundam

horam.

Lupus advenit et rogavit, "Porcelle, nonne paratus es?"

55 Porcellus respondit, "Iam rapa collegi et reveni."

Lupus iratissimus erat. "Iste porcellus non me fallet iterum!" dixit, et in tectum porcelli scandit ut domum per caminum iniret. At porcellus lupum audiens magnum ignem fecit et magnam ollam plenam aquae in 60 igne posuit.

Cum magnus malus lupus per caminum saluerit, in ollam cecidit! Porcellus statim ollam operuit et lupum coxit. Multos dies porcellus ius lupi edit, et feliciter posthac vixit.

65 Et illa est fabula trium porcellorum et magni mali lupi.

TIBICEN VERSICOLOR

lim erat oppidum parvum in media Germania. Hoc oppidum, Hamel appellatum, a muribus incursum erat. Milia magnorum et nigrorum murium per oppidum percurrebant. Tot mures erant ut cives per vias ambulare non auderent. Dum se vestiunt, cives mures in vestibus inveniebant; dum edunt, mures in cibo inveniebant. Et noctu peius erat -- mures omnia rodebant et sonum terribile faciebant. Ne surdus quidem dormire potuisset.

Nec feles nec canes nec venenum nec omnibus deis precationes mures reppulerunt. At quodam die peregrinus vestes miras et tibiam gerens ad oppidum pervenit. Alto tibicini erant nasus pravus, barba longa, et magnus petasus viridis. Calceos nigros gessit, et bracas rubras et tunicam caeruleam. Tibicen quidem mirus videbatur, et liberi eum videntes ridebant.

Tibicen se omnes mures repulsurum esse nuntiavit si sibi satis pecuniae daretur. Cives timebant ne tibicen magus esset, sed maxime mures exire volebant. Praetor, qui callidus erat, ait "Si tibicen mures repellere potest, certe idem mures ad nostrum oppidum misit. Nobis tibicen puniendus est. Tibicinem fallam, et mures exibunt, nec quidquam pecuniae solvemus." Verba praetoris civibus maxime placuerunt.

25 Tibicen postulavit tot uncias quot mures. Cives iterum timebant. Milia murium erant, nec dives erat oppidum. Praetor autem oppidum tibicini soluturum esse dixit. Tibicen se undecima hora incepturum esse nuntiavit.

30 Undecima hora cives per fenestras perspexerunt ut tibicen viderent, nec quidquam viderunt nisi mures. Subito novum sonum super stridores murium audiverunt. Carmen tibicinis ortum est. Tibia "tui-tuitel-ti-ti-ti" sonabat. Mures e cloacis repentes 35 tibicinem sequebantur! Tibicen ex oppido ad flumen ambulavit. Omnes mures secuti sunt et in flumen ruerunt. Tandem cum omnes mures in flumine se mersissent, oppidum Hamel dormivit.

Postero die tibicen pecuniam a praetore postulavit. 40 "Quot mures, tot unciae," ait tibicen, "centum milia murium heri necavi. Mihi octingentos denarios debes." "Minime," respondit praetor, "nulli mures adsunt. Tibi nihil debemus. Cum autem nos iuveris tibi quinquaginta denarios dabimus."

45 Tibicen iratissimus erat. "Nisi mihi pecuniam solvetis," clamans, "mihi prolem debebitis!" e domo praetoris excurrit. Praetor risit, dolus enim sibi maxime placuerat. Cives audientes riserunt, et mox tibicinis obliti sunt.

50 Paucis diebus post autem miram musicam audiverunt. Omnes liberi musicam audientes ridere

salireque coeperunt. Deinde liberi in viam cucurrerunt ut musicam peterent. Parentes eos retinere non poterant. Liberi ad finem oppidi cucurrerunt.

55 Parentes, liberos sequentes, tibicinem viderunt. Tibia huius "tuitel-tuitel-tuitel" sonabat. Cum parentes eos revocarent, liberi, similes muribus antea, tibicinem cum celeritate sequebantur.

Tibicen liberos sub altum montem duxit, et
60 subito magnum antrum apertum est. Tibicen, liberis sequentibus, in antrum ballabat. Cum omnes liberi in antrum intravissent, aditus antri evanuit. Mons sine antro mansit. Cives omnes liberos amiserant.

Liberi adhuc in antro feliciter habitare feruntur,
65 et Hamelienses tibicinis versicoloris memores semper honesti sunt. Et illa est fabula tibicinis versicoloris.

RUMPELSTILTSKIN

lim erat pistor pauper cui erat filia [1]
pulcherrima. Dum pistor regem visitat, dixit filiam
stramentum in aurum nere posse. Hoc regi maxime
placuit. Ait, "Talis ars certe optima est. Si filia tua
vere hoc facere potest, duc eam cras ad regiam. Volo [5]
videre puellam mirabilem."
Postero die, pistor filiam suam ad regiam duxit.
Filia in camera cum rota, fuso, et multo stramento
posita est. "Nunc videbimus quam perita sis, puella,"
ait rex. "Nisi omne stramentum in aurum neveris [10]
ante primam lucem, necaberis." Et rex portam clausit
et exiit.
Infelix puella stramentum in aurum nere non
poterat. Spectavit omnem stramentum et lacrimavit.
Subito pravus homunculus portam aperuit et [15]
intravit. "Cur lacrimas, filia pistoris?" rogavit. "Eheu,"
respondit puella, "nisi omne stramentum netum erit
in aurum, necabor."
"Quid mihi dabis si te iuvabo?" rogavit homunculus. "Tibi meum torquem dabo," ait puella. "Bene," [20]

ait homunculus, torquem rapuit, et propter rotam consedit. Homunculus rotam celerrime nevit, et simul atque stramentum fusum tetigit, in aurum mutatum est. Per noctem nevit homunculus, et mane camera plena auri erat. Tum homunculus per portam excurrit. 25 Rex pervenit et aurum vidit. Felix erat, sed etiam avidus. Plus auri cupivit. Movit filiam pistoris in novam cameram maiorem stramenti plenam. Iterum dixit omne stramentum nendum esse in aurum.

Eheu! Infelix puella adhuc stramentum in aurum 30 nere non poterat. Iterum lacrimavit. Subito homunculus revenit. Scivit cur lacrimaret puella. "Quid mihi dabis si te iuvabo hoc tempore?" "Meum anulum," repondit puella. Homunculus anulum ex digito puellae rapuit et omne stramentum in aurum nevit. 35

Cum rex aurum mane videret, felicissimus erat, sed etiam plus auri cupivit. Duxit filiam pistoris ad maximam cameram regiae, et cameram stramento farsit. "Si omne stramentum aurum factum erit mane," ait rex, "mea regina eris. Sed si quid stramenti manebit, 40 vitam amittes."

"O tantum stramenti!" lacrimavit puella, "ubi est homunculus?" Statim, homunculus apparuit. "Ahhhh," ait homunculus, "multum stramenti est. Quid mihi dabis si te iuvabo?" "Eheu," respondit puella, "nihil 45 mihi manet. Non possum tibi quidquam dare."

"Hmmm," ait homunculus, "Sponde mihi primum filium natum te regina." Cum homunculus esset sola spes filiae pistoris, filium spopondit. Homunculus omne stramentum in aurum nevit et exiit. Cum rex 50 mane perveniret, aurum spectavit et filiam pistoris reginam fecit.

Uno anno post regina pulchrum filium genuit. Oblita erat sponsi homunculo, et felicissima erat. Quodam die dum regina cum filio ludit, homunculus pervenit et infantem poposcit. Regina homunculo omnes opes porrexit, sed is dixit se vivum filium malle. Regina lacrimavit et oravit, et tandem homunculus misericordia tactus est. "Si potes divinare meum nomen tribus diebus, tibi permittam ut infantem teneas."

Primo die regina temptavit omnia nomina quae scivit. "Est tuum nomen Marcus, homunculus?" "Minime," ait homunculus, "nomen meum non est Marcus."

"Aulus?"

"Minime."

"Publius?"

"Minime."

Neque ulla nomina homunculo erant.

Altero die regina insolita nomina temptavit.

"Longinasus?"

"Minime."

"Polyphemus?"

"Minime."

Neque iterum ulla nomina homunculo erant. Regina miserrima erat.

At ea nocte, dum regina est in cubiculo, legatus intravit. "Quid vis?" rogavit regina. "Vidi aliquid mirum hodie. Puto te audire velle," ait legatus. "Dic mihi," ait regina.

"Dum ambulo in silva, vidi homunculum circum

ignem salientem. Homunculus canebat dum salit:

> Hodie laboro, cras dormiam,
> Perendie filium reginae rapiam. 85
> O quantum amo meum nomen!
> Nemo id scit -- Rumpelstiltskin!"

Regina legato multas gratias egit et homunculum
vocavit.
"Hic est dies ultimus," ait homunculus. 90
"Scio. Est tuum nomen Gaius?"
"Minime."
"Est tuum nomen Manius?"
"Minime."
"Est tuum nomen Rumpelstiltskin?" rogavit regina 95
et ridit.
Homunculus furiosus erat. "Maga! Maga!"
clamavit, "Quis tibi dixit? Maga!" Homunculus solum
pedibus tanta vi percussit ut in terram mergeretur, et
regina et filius vivebant feliciter posthac. Et illa est 100
fabula Rumpelstiltskinis.

LACERNELLA RUBRA

Olim erat parva puella quae in silva habitabat. Mater puellam multum amabat, sed avia eam adeo amabat ut ei pulcherrimam lacernam rubram daret. Puella semper lacernam gerebat et post breve tempus Lacernella Rubra appellata est.

Quodam die mater, cibo aviae parato, Lacernellam Rubram vocavit. "Fer, filia, hunc cibum ad domum aviae tuae, timeo enim ne ea aegra sit." Lacernella Rubra corbem cibi ferens ad domum aviae profecta est.

Avia in alio oppido habitabat et, ut eam visitaret, per silvam ambulandum erat Lacernellae Rubrae. Mox, in aterrima silvae parte, magnus lupus Lacernellam Rubrum vidit. Lupus esuriens puellam edere cupivit neque ausus est. "Multi lignatores in silva sunt," putat lupus, "et unus certe me necabit si puellam oppugnavero. Ergo, dolo utar." Puellam appropinquans rogavit "Quo, puella, cum corbe is?"

Lacernella Rubra numquam lupum viderat nec periculum recognovit. "Ambulo ad domum aviae ut ei cibum dem," lupo respondit.

Deinde lupus rogavit ubi avia habitaret, et Lacernella Rubra aviam in parva domo ad flumen in secundo oppido habitare respondit. Lupus puellae
25 gratias egit et abiit. Lacernella Rubra iterum ambulare coepit. Lupus autem quam celerrime ad domum aviae cucurrit. Perveniens portam pulsavit, et avia rogavit quis adesset. "Tua neptis Lacernella Rubra adsum," ait lupus parva voce, "tibi cibum tuli." Cum avia
30 portam aperuisset, lupus in cameram saluit, aviam rapuit, et, eheu, eam voravit! Sedens post cenam, lupus pulsationem audivit.

"Quis adest?" rogavit lupum. "Tua neptis Lacernella Rubra adsum," respondit vox. Vera
35 Lacernella Rubra pervenerat. Lupus in cubiculum aviae cucurrit, vestibus aviae se vestivit, et dixit "Intra, neptis." Lacernella Rubra vocem non recognovit, sed putans aviam faucibus aegram esse intravit.

"In cubiculo adsum, neptis, intra," ait lupus.
40 Lacernella Rubra in cubiculum intrans lupum vestes aviae gerentem vidit.

"En, tanti oculi tibi sunt," clamavit Lacernella Rubra, ingentes oculos lupi videns.

"Ita, quo melius te videam," respondit lupus.
45 "Et tantae aures tibi sunt,"

"Quo melius te audiam."

"Et tanti dentes tibi sunt,"

"Quo melius te vorem!" clamavit lupus, e cubili saliens ut Lacernellam Rubram raperet.
50 "Eheu! Me iuva! Iuva!" clamavit Lacernella Rubra. Subito lignator, qui forte haud procul

24

ambulabat, clamores audiens intravit. Lupum uno ictu securis necavit, Lacernellam Rubram servans. Paucis annis post, lignator Lacernellam Rubram in matrimonium duxit, et feliciter posthac habitabant. Et illa est fabula Lacernellae Rubrae.

RAPUNZELLA

Olim erant maritus et uxor qui [1]
maestissimi erant quod nulli liberi ab eis geniti erant.
In parva casa cum parva fenestra habitabant. Per
fenestram pulchrum hortum videre poterant. Hortus
florum, frugum, et holerum plenus erat. Ille hortus [5]
autem malae magae erat, et magnus murus hortum
saepiebat. Nemo ad holera colligenda in hortum
intrare ausus est. Quodam die, uxor rapa formosa in
horto provenientia vidit. Maxime esuriens, ait "Fer,
marite, mihi rapa. Certe maga non tam mala est ut [10]
paucis rapis irascatur." Maritus rapa surripuit et uxori
dedit. Rapa bona erant, et uxor plura rapa cupiebat.
Maritus iterum profectus est ut rapa surriperet. At,
dum maritus rapa colligit, maga pervenit. "Ecce fur!"
clamavit maga, "Te criminis paenitebit!" [15]

"Me paenitet," respondit maritus, "uxor mea
esurit, neque quidquam cibi nobis est. Mei miserere,
quaeso." Maga, paulo sedata, ait "omnia rapa quae
cupis tecum ferre potes, sed hoc postulo: filiam mox
genueritis, et filia mihi a te danda erit." Maritus ita [20]

timebat ut statim annueret.
Maga filiam nuper natam eduxit. Memor raporum
surreptorum, maga puellae nomen Rapunzellam dedit.
Rapunzella pulcherrima puella erat, sed maga crudelis
25 erat. Rapunzellam in alto turri sine ianuis inclusit. Cum
maga in turrim intrare vellet, clamavit:

Rapunzella, Rapunzella, demitte comam
Ut scalas aureas scandere possim!

Rapunzellae enim perlonga coma aurea erat.
30 Magam audiens, Rapunzella comam demittebat.
Deinde maga comam scandebat ut Rapunzellam videret.
Rapunzella magam non amabat, sed timens parebat.
Quodam die eques iuvenis apud turrim equitans
Rapunzellam in turri vidit. Pulchritudine Rapunzellae
35 ictus, eam statim adamavit. "Quo modo in turrim
intrare possim?" miratus est eques. En, dum eques putat,
maga advenit. Equite post arborem latente, maga turrim
appropinquavit et clamavit:

Rapunzella, Rapunzella, demitte comam
40 Ut scalas aureas scandere possim!

Hoc viso, eques consilium cepit. Postero mane,
sub turrim equitans, magna voce clamavit:

Rapunzella, Rapunzella, demitte comam
Ut scalas aureas scandere possim!

45 Et Rapunzella statim comam demisit. Eques

28

comam scandit ut turrim intraret. Equitem videns, Rapunzella maxime timuit, virum enim numquam prius viderat. Eques autem tam amicus erat ut mox Rapunzella timoris obliviceretur. Eques a Rapunzella
50 quaesivit ut ei nuberet. "Tibi equidem nubere volo,

neque possum. Captiva in turri sum" lacrimavit Rapunzella. "Scalas faciam ut de turri descendere possis," respondit eques, "et, dum scalas facio, quotidie te visitabo." Tum eques exiit ut scalas facere inciperet.
55 Rapunzella laetissima erat, et dies ad scalas perficiendas appropinquabat. At quodam die, non putans, magam rogavit cur tanto gravior equite esset. Maga clamavit "Eques? Qui eques? Num me fefellisti?" "Minime, vero," negavit Rapunzella, sed maga intellexit.
60 Comam Rapunzellae totondit et eam emisit. "Si umquam te videbo, te necabo," monuit maga. Illo die maga sola in turri mansit. Eques pervenit, clamans "Scalae factae sunt, Rapunzella! Exire possumus!" Eques, magam videns, stupuit. "Exibis, neque cum
65 Rapunzella," ridit maga, miserum equitem per fenestram expellens. Eques in rosetum cecidit, et oculi a spinis puncti sunt. Caecus miserque, eques ab turri abiit claudicans.

Multos annos errabat eques, semper Rapunzellae
70 amissae lacrimans. Caecitas eum mendicum fecit, sed pauci eum iuvabant. Per silvam errans, eques virginem lacrimantem audivit. "Cur lacrimas? Maesta es?" rogavit, "Maestus quoque sum. Amorem et oculos amisi." Virgo subito eum osculata est -- en, Rapunzella
75 erat! Praeterea, cum Rapunzella oculos osculata est,

sensus videndi equiti restitutus est! Rapunzella statim equiti nupsit, et feliciter posthac habitabant. Et illa est fabula Rapunzellae.

NOVAE VESTES
IMPERATORIS

lim erat imperator qui vestes adeo   1
amabat ut novas vestes omni pecunia emeret. Neque
militibus solvebat, neque e regia exiit nisi novas vestes
gerens. Imperator se tam saepe vestiebat ut cives neque
dicerent "imperator in atrio est," neque dicerent   5
"imperator in tabulario est." Tantum aiunt "imperator
in vestiario est," semper enim in vestiario erat
imperator.

Quodam die duo latrones ad urbem advenientes
se sartores esse nuntiaverunt. Sibi esse textile   10
pulcherrimum dixerunt. Hoc textile, aiunt, erat tam
tenerum ut videri posset neque ab imperitis neque ab
stultis.

"Ecce, vestes huius textilis optimae sint!" putavit
imperator, "Si has vestes geram, cognoscere possim qui   15
sapientes et qui stulti sint. Itaque, vestes huius textilis
mihi emendae sunt, et statim." Et multum auri
latronibus dari iussit ut texere inciperent.

Latrones duas telas statuerunt et moverunt quasi
industrie laborarent, sed nihil erat in telis! Optimas   20

lanas et bombyces postulaverunt, quas occuluerunt, et ad multam noctem vacuis telis laboraverunt.

"Scire volo quantum perfecerint sartores," putavit imperator. Meminerat, autem, imperitos textile videre
25 non posse, et constituit ne iret ipse, sed legatum mitteret. "Legatus sapiens et honestus est," putavit imperator, "et maxime idoneus est huic labori."

Legatus ad cameram advenit ubi latrones vacuis telis laborabant. Latrones legato telas monstrantes
30 rogaverunt num legatus colores textilis amaret. Legatus timuebat. "Eheu," putabat, "nihil videre possum! Me stultum aut imperitum esse non credo, neque vero textile videre possum." Legatus latronibus nihil dixit, qui textile quod non erat monstraverunt et de forma et
35 coloribus textilis locuti sunt. Neque legatus quemquam scire volebat se textile videre non posse, et caput annuens omnia quae latrones dixerunt meminerat. Tunc ad imperatorem rediit et de pulchritudine textilis narravit. Imperator laetus erat, et latronibus plus
40 pecuniae misit.

Mox imperator iterum scire voluit quantum perfecerint sartores. Hoc tempore alterum legatum misit, neque iterum infelix legatus quidquam nihil videre potuit. Cum latrones rogarent num textile amaret,
45 legatus se multum amare respondit et ad imperatorem rediit et textile pulchrum esse dixit. Imperator tam laetus fuit ut ipse ad textile videndum iret.

Cum imperator ad cameram latronum pervenisset, isti, telas vacuas monstrantes, rogaverunt num textile
50 imperatori placeret. Duo legati qui prius missi erant textile laudaverunt. Imperator stupuit -- textile videre

non potuit. "O, pulcherrimum est. Togam, tunicam, et trabeam cupio," ait imperator, ne quis eum stultum esse putaret. Omnes legati, timens ne stulti viderentur, annuerunt, "Ita, ita, optimae vestes sunt." Latrones per noctem laboraverunt ut vestes imperatoris pararent. Partes textilis caeci secare visi sunt et acibus sine lino suerunt. Tandem mane novas vestes imperatoris perfectas esse nuntiaverunt. Latrones ad palatium adierunt et imperatorem nihilo ornaverunt. "Ecce tunica," clamavit alter latro. "Optima, et itidem trabea," clamavit alter. Imperator, qui adhuc textile videre non potuit, rogavit cur vestes sentire non posset. "O," respondit latro, "tam tenerum est textile. At nonne textile vides?" Cum nihil nisi nudum corpus videre posset, imperator tamen respondit "ita, certe."

Tum imperator, sceptrum tenens et corona indutus, neque ullis vestibus, profectus est ut cuncto populo novas vestes monstraret. E palatio et per viam ambulavit. Cives, qui de vestibus mirabilibus audiverant, imperatorem et novas vestes laudaverunt. Nemo stultus aestimari voluit.

Deinde puer imperatorem spectans clamavit "Nullas vestes gerit!" Pater, qui puerum nec stultum nec mendacem esse scivit, annuit. "Ecce, imperator nudus est!" Brevi omnes cives imperatorem deridebant. Imperator tam iratus erat ut latrones ad mortem duci iuberet, sed latrones callidissimi erant. Pecuniam imperatoris rapientes ex urbe exierant. Imperator latrones petivit, neque umquam eos invenit. Neque umquam iterum novas vestes emit.

Et illa est fabula novarum vestium imperatoris.

IAX ET FABAE MAGICAE

lim erat pauper vidua cui erant filius   1
appellatus Iax et vacca appellata Vacca.
Vidua et Iax lac vaccae bibere solebant,
sed quodam die vacca nihil lactis edidit. "Quid
faciam?" rogavit vidua, "Non possumus vivere sine   5
lacte."

"Noli timere, mater," ait Iax, "laborabo et
pecuniam mereo ut lac emamus."

"Minime," respondit vidua, "nihil facere potes.
Vacca vendenda est ut pecuniam adquiramus.   10
Nundinae sunt. Duc vaccam ad forum et eam vende."

Iax vaccam capistro tenens ad forum profectus
est. In via pravo seni occurrit, qui ait "Salve, Iax."

"Salve," respondit Iax, mirans quo modo vir
nomen didicisset.   15

"Et quo is cum vacca, Iax?"

"Eo ad forum ut vaccam vendam."

"Optime," ait senex, "Videris bonus venditor
vaccarum. Fortasse tuam vaccam emam. Vidistine
fabas magicas umquam?"   20

"Minime," repondit Iax.

"Ah, hae fabae mirabiles sunt," ait senex, Iaci quinque fabas monstrans. "Si fabas in solo pones, postero die creverint ad caelum. Et omnes quinque fabas dabo, si mihi tuam vaccam dabis. Et, si fabae non crescent, vaccam reddam."

"Iustus est senex," putat Iax, et vaccam tradidit.

Iax, cum fabis magicis, domum rediit. Mater, vaccam abesse videns, rogavit "Quid adquiris vacca?"

"Numquam divinabis!" clamavit Iax.

"Multum pecuniae, spero, quinque talenta? decem? quindecim?"

"Minime," respondit Iax, "Ecce hae fabae. Si seres hodie, cras --"

Vidua furiosa erat. "Eheu!" clamavit, "vendidit vaccam quinque fabis? Stultissime! Hah! Ieci fabas per fenestram! Nunc i ad cubiculum tuum, et nolo te videre hac nocte!"

Iacem paenituit quia mater eius tam irata esset, et ad cubiculum exiit. Maestus erat, et esuriebat (non cenam ederat), et male dormivit.

Mane, Iax circum cubiculum circumspexit, et confusus est. Pars camerae splendebat sole, sed altera pars umbrosa erat. Iax surrexit et ad fenestram ambulavit. Cum Iax per fenestram perspiceret, ingentem thyrsum instar turris vidit! En, fabae quas mater humum iecerat usque ad caelum creverant. Pravus senex vere dixerat.

Thyrsus tam propinquus fenestrae Iacis erat ut Iax per fenestram salire et thyrsum velut scalas scandere posset. Iax diutissime et tandem per nubes scandit.

Cum per nubes scandisset, longam et latam viam vidit.
Per viam ambulavit et ad maximam domum advenit.
Ingens femina ante domum sedebat.
"Salve, femina," ait Iax, "Da mihi ientaculum, 55
quaeso." Iax maxime esuriebat cum cenam proxima
nocte non edisset.
"Visne ientaculum edere?" ait femina.
"Ientaculum eris si non fugies quam celerrime. Maritus
meus gigas est cui maxime placet parvos pueros edere." 60
"O adeo esurio. Non edi tantum diem, et equidem
fame moriar nisi mox edam. Sive a marito tuo sive
fame interfectus sum, nihil est. Edendum est mihi,
quaeso," Iax feminam cum lacrimis precatus est.
Uxor gigantis Iacis miserita est et eum ad culinam 65
duxit. Iaci caseum, panem, et lac dedit. Iax laete edebat,
sed subito audivit "thump! thump! thump!" et omnis
domus sono quassata est.
"Eheu, maritus adest," ait femina, "Quid faciamus?
Ah, late in furno! rapide!" Et Iacem in furno posuit. 70
Mox Gigas in culinam intravit.
Vere, Gigas ingentissimus erat. Tres vaccas manu
sinistra tenuit! Vaccas in mensa posuit et ait, "Uxor,
coque has ientaculo mihi. O, quid olet in mea culina?

Fi-fae-fo-fem 75
Olfacio Angli sanguinem
Sive vivus sive mortuus sit,
Molam ossa ut panis fiat.

"Nulli Angli adsunt," ait uxor gigantis, "vaccas
olfacis. Aeger es naso." Gigas uxori credidit et ad 80

39

mensam consedens ientaculum exspectabat. Iax e furno serpsit et in olla magna latuit. Interim uxor gigantis vaccas coxit et ad maritum apposuit. Gigas vaccas tam celeriter edit ut Iax non posset credere.

Tum gigas e culina exiit et cum gallina rediit. 85 Gallinam in mensa posuit et imperavit "Pare mihi ovum aureum." Et, mirabile visu, gallina ovum aureum' peperit. Gigas cum ovo lusit et tandem exiit ut venaretur.

"Exeundum est tibi!" dixit Iaci uxor gigantis. "Ita," 90 respondit Iax neque statim exiit. Cum uxor gigantis e culina exierat, Iax solus gallinam magicam rapuit et domo ingenti excurrit. Mox rediit gigas, qui gallinam abesse vidit. Periratus erat! "Uxor! ubi est gallina magica? Fur eam surripuit! Inveniam furem et interficiam!" 95

Et gigas domo excurrit et Iacem cum gallina currentem vidit. Gigas ingentibus passibus cucurrit et multo celerior Iace erat. Gigas Iacem paene cepit, sed Iax thyrsum de nubibus descendere coepit.

Cum Iax humum pervenerat, securim rapuit et 100 thyrsum succidit gigante descendente. Gigas humum cecidit, et humum tanta vi pulsavit ut omne oppidum quassaretur. Gigas interfectus est, et Iax ova aurea vendidit maxima pecunia. Iax et mater, nunc divites, feliciter posthac habitabant . Et illa est fabula Iacis et 105 fabarum magicarum.

NIVEA ET SEPTEM HOMUNCULI

lim erat regina formosa. Omnes cives [1] reginam ob pulchritudinem laudabant. Regina pulchram speciem habebat, sed animam pravam. Gloriosissima erat, et ei erat magicum speculum quod semper vere dicebat. Regina speculum rogabat: [5]

> Speculum quod in muro pendet,
> Quis maxima pulchritudine splendet?

Et speculum respondebat

> Ecce, regina, tua facies --
> Tanto formosior omnibus aliis! [10]

Et regina laeta erat. Quotidie speculum rogabat quis pulcherrima esset, et quotidie speculum eam pulcherrimam esse respondebat.

Interim, media hieme, pauper femina paucas rosas in nive crescentes spectavit. "Utinam filia nobis esset," [15] femina marito ait, "Ei pulchrae genae roseae et pulcher color niveus essent." Mirabile narratu, femina filiam pulcherrimam peperit. Filiam Niveam appellavit, color enim niveus erat.

20   Annis post regina, adhuc gloriosa, speculum rogavit:

Speculum quod in muro pendet,
Quis maxima pulchritudine splendet?

Speculum, autem, respondit

Semper vere respondet vox.
25   Formosa es, sed cave — Mox
Cum sis magna pulchritudine,
Nivea tamen superabit te.

Regina furiosa et invidiosa facta est! Legatum vocavit, quem misit ad Niveam interficiendam. Legatus,
30   Nivea inventa, puellam in mediam silvam duxit. "Cur me in mediam silvam ducis?" rogavit Nivea. "Ut te interficiam," respondit legatus, "reginae iussu." "Minime," lacrimavit Nivea, "noli me interficere. Numquam quemquam laedi." Lacrimis et
35   pulchritudine tactus, legatus Niveae parcere statuit. "Excurre, puella," ait, vulpem capiens et necans. Reginae cor vulpis cor Niveae esse dixit. Interim Nivea per silvam cucurrit.
      Mox Nivea per silvam errans parvam domum
40   invenit. Domum appropinquans, parvam mensam et septem parvas sellas per fenestram vidit. Nivea, esuriens et defessa, domum intravit. In mensa septem crateres et septem pocula erant. Nivea paulum cibi e quoque

cratere edit et paulum vini e quoque poculo bibit, omnem cibum e quodam cratere edere nolens. Vino ⁴⁵ potente, Nivea mox in solo domus dormire coepit.

Paulo post septem homunculi, qui domi habitabant, redierunt. Primus homunculus, Querens appellatus, questus est: "Ecce, aliquis meum vinum bibit. Et micas in poculo reliquit!" Secundus homun- ⁵⁰ culus, Medicus, Niveam vidit. "Misera puella in nostro solo dormit," ait Medicus. "Quis est? Oportet nobis convivium habere pro hospite," ait Laetus, alius homunculus. Homunculi tam magnis vocibus loquebantur ut Nivea excitaretur. ⁵⁵

"Eheu, ubi adsum?" rogavit Nivea. "In domo aliena!" clamavit Querens, "Nunc exi!" Medicus autem, qui alios homunculos ducebat, sic locutus est: "Septem homunculi sumus. Medicus sum, et hic Querens appellatus est." "Bonum nomen," putavit Nivea, sed ⁶⁰ tacuit dum Medicus loquitur. "Alii sunt Laetus, Somniculosus, Sternuens, Stultus, et Timidus. Et nomen tuum est ..." "Nivea," respondit Nivea, "Regina me interficere vult, et mihi latendum est." "Hmm..." ait Medicus, "opus est nobis ancilla. Si nostram domum ⁶⁵ curabis, te celabimus." Sic Nivea cum homunculis habitare statuit.

Interim regina, Niveam mortuam esse credens, laeta fuerat. Quodam die speculum magicum rogavit:

> Speculum quod in muro pendet, ⁷⁰
> Quis maxima pulchritudine splendet?

Speculum respondebat

Nivea, homunculorum ancilla,
Multo quam tu bellior est puella.

Regina invidiosissima furiosissimaque erat. "Si 75
legatus Niveam interficere non potest, mihi ipsi ea
necanda est!" clamavit. Tum malum pulchrum veneno
tinxit. Malum adhuc esculentum videbatur, sed vere
letale erat. Vestibus anilibus se vestiens, regina faciem
et comam mutavit ut anus videretur. His factis, ad 80
domum homunculorum profecta est.
Homunculis in silva laborantibus, Nivea sola domi
aderat. Regina, portam pulsans, ait "malum dulce
teneo. Visne morsum?" Nivea, cui mala multum
placebant, portam aperuit ut malum reciperet. Malo 85
venenato morso, Nivea statim in somnum profundum
cecidit. Regina, Niveam mortuam esse credens, ridit
et ad regiam rediit. Speculum suum dixit:

Speculum quod in muro pendet,
Quis maxima pulchritudine splendet? 90

Responsum speculi erat

Ex omnibus qui ambulant hodie
Nemo te superare potest specie.

Regina tam laeta erat ut multas horas rideret et
saliret. 95
Interim homunculi, domum redeuntes, corpus
Niveae invenerunt. "Ecce, ancilla dormit dum laborare
debet," fremuit Querens. "Minime," ait Timidus, "eam

mortuam esse credo." Medicus Niveam excitare
conatus est neque potuit, venenum reginae enim nimis
potens erat. Niveam mortuam esse maeste dixit. Homunculi Niveae pulchram arcam auream cum vitreo
operimento paraverunt, tres dies laborantes. Tertio die
Laetus speciem Niveae non mutatam esse vidit. Tres
dies post mortem, Nivea adhuc pulcherrima erat. Homunculi arcam in prato in media silva ponere
constituerunt, non sepelire. In arca, "HAEC PUELLA
TAM PULCHRA EST UT IN ATRO SEPULCRO
SEPELIRI NON POSSIT" scripserunt. Et semper,
noctu et die, unus ex homunculis arcam custodiebat.

Paucis mensibus post, filius regis peregrini per
silvam vehebatur. Forte arcam Niveae, Sternuente
custiodiente, invenit. "Ecce pulcherrima virgo!"
clamavit filius regis, "Ea mihi ad meam regiam ducenda
est!" "Minime — achoo!" respondit Sternuens, sed facies filii regis tantum amoris monstravit ut cor
Sternuentis tangeretur. "Cum meis fratribus loquar,"
filio regis ait et profectus est ut alios homunculos
convocaret.

Mox omnes homunculi et filius regis apud arcam
Niveae stabant. Subito Sternuens sternuit, arcam icens.
En, morsus mali venenati e ore Niveae exsiluit! Mox
Nivea suscitata est! Omnes laetissime (ne Querens
quidem erat iratus) ad regiam filii regis profecti sunt ut
Nivea filio regis nuberet.

Interim mala regina iterum suum speculum rogavit:

Speculum quod in muro pendet,
Quis maxima pulchritudine splendet?

Hoc tempore, speculum respondit

> Nivea, nunc pulchra femina 130
> Pulchrior multo est te, regina.

Regina tam fortiter speculum pulsavit ut frangeret. Fragmenta vitrea speculi reginam vulneraverunt. Ob cicatrices regina foeda facta est, sed Nivea pulcherrima permanet multos annos. Ea, cum marito et homunculis, 135 feliciter posthac habitabat. Et illa est fabula Niveae et septem homunculorum.

AURICOMA ET TRES URSI

lim erant tres ursi qui in sua aede in
silva habitabant. Tres ursi erant pater ursus, mater
ursa, et ursulus. Quodam die ursi ad mensam sedebant
ut pultem ederent, sed puls erat nimis calida. Ursi
exeuntes per silvam ambulaverunt dum puls
decalescat. Interim, ursis profectis, parva puella, quae
appellata est Auricoma, aedem vidit. Per fenestram
perspiciens neminem adesse vidit. Auricoma portam
aperuit et in aedem intravit.

Auricoma in culinam intravit et pultem vidit.
Maxime esuriebat, et puls erat cibus carissimus
Auricomae. Primum, magnum craterem pultis (quem
pater ursus reliquerat) temptavit. "Eheu," ait
Auricoma, "haec puls nimis calida est. Non eam edere
possum." Deinde minorem craterem (quem mater
ursa reliquerat) temptavit, sed haec puls nimis frigida
erat. Tandem minimum craterem temptavit qui
pultem ursuli habebat. "Ecce, haec puls perrecta est!"
clamavit Auricoma et omnem pultem edit.

Tunc Auricoma considere statuit, et

circumspiciens tres sellas invenit. Prima sella nimis dura erat, altera sella nimis mollis, sed tertia sella perrecta erat. Auricoma in sella consedit et sellam rupit! Auricoma per sellam et in solum cecidit! Auricoma breve tempus lacrimavit, tunc surrexit et ait, "Nunc alius locus ad sedendum mihi inveniendus est."

Auricoma in cubiculum intravit et tria cubilia ursorum vidit. "Ecce," putavit Auricoma, "Bonum tempus ad dormiendum est," et cubilia appropinquavit. Primum cubile nimis altum erat. Secundum cubile nimis humile erat. Sed tertium cubile perrectum erat, et Auricoma accubuit in cubili. Cubile tam gratiosum erat ut Auricoma statim dormesceret.

Mox tres ursi revenerunt ut pultem ederent. Pater ursus cocleare in pulte spectavit et clamavit, "aliquis meam pultem edebat!" Mater ursa cocleare in sua pulte spectavit et dixit, "quoque aliquis meam pultem edebat." Tunc ursulus craterem vacuum vidit et lacrimavit "aliquis meam pultem edebat, et totam pultem edit!"

Tunc ursi, qui esuriebant et irascebantur, suas sellas viderunt. Pater ursus ait, "aliquis in mea sella sedebat." Et mater ursa ait, "Ita, et aliquis in mea sella sedebat." Tunc ursulus ruptam sellam vidit et lacrimavit "aliquis in mea sella sedebat et eam rupit!" Ursulus, pulte esa et sella rupta, maestissimus erat.

Pater ursus ait, "Fortasse fur in nostra aede adest. Circumspicere debemus." "Ita, ita," consenserunt mater ursa et ursulus.

In cubiculum intraverunt tres ursi et cubilia inspectaverunt. "Aliquis in meo cubili cubabat," ait

pater ursus, magna voce aspera. "Et aliquis in meo cubili cubabat," ait mater ursa. Ursulus cubile inspectavit et Auricomam dormientem vidit. "Ecce!

55 Ecce!" clamavit Ursulus, "aliquis in meo cubili cubabat, et adhuc adest!"

Auricoma, quae profunde dormiverat, e somno excitata est et tres ursos vidit. Ursi perirati erant et fremebant. Certe si quis tres ursos frementes videat,

60 terreatur. Auricoma tam territa est ut circum cubiculum curreret et per fenestram saliret. Excurrit quam celerrime, neque umquam ad aedem trium ursorum rediit.

Et tres ursi plus pultis paraverunt, sellam ursuli

65 reparaverunt, et feliciter posthac habitabant. Et illa est fabula Auricomae et trium ursorum.

HANSELLUS ET GRETELLA

lim apud magnam silvam, pauper [1]
lignator cum uxore et duobus liberis habitabat. Filius
Hansellus appellatus est, et filia Gretella. Familia erat
tam pauper ut saepe parum cibi eis esset.

Quodam die, omnibus esurientibus, uxor [5]
lignatoris (quae noverca, non mater, liberorum erat)
marito ait, "Non liberos alere possumus. Si omnes
servare temptemus, omnes fame moriamur."

"Quid faciamus?" rogavit timidus lignator.

"Liberi nobis demittendi sunt. Eos in silvam [10]
ducamus neve cum eis domum reveniamus."

"Minime," respondit lignator, "Liberos non
relinquam!"

"Ergo omnes moriemur!" clamavit uxor e cubiculo
excurrens. Pater liberos multum amabat, et verba ux- [15]
oris eum terruerunt.

Verba quoque liberos terruerunt. Hansellus et
Gretella, qui fame dormire non poterant, verba
novercae audiverunt. Hansellus sororem trepidam
placare temptavit, "Noli timere, Gretella, consilium [20]

capiam." Sic locutus Hansellus domo exiit et perspexit. Multis lapillis collectis, Hansellus rediit. Frater sororque tandem dormiverunt.

Mane, patre dormiente, noverca privignos excitavit. "Surge, liberos," ait noverca, "lignum nobis colligendum est." Dolum novercae recognoscens Hansellus lapillos secum portavit. Noverca liberos diu duxit, sed interdum Hansellus lapillum in terra deponebat. "Cur semper sistis, Hanselle," rogavit noverca. Hansellus callide respondit "Meum felem in tecto domi videre possum. Feles mihi annuit!" Noverca, lapillis non visis, Hansello credidit.

Tandem in media silva noverca liberos lignum colligere iussit. Liberis lignum petentibus, noverca excurrit et domum rediit. Intellegens novercam discessisse Hansellus Gretellae ait, "Nunc lapillos sequamur et domum redeamus." Liberi lapillos secuti sunt et vesperi domum redierunt. Pater felix erat, sed noverca irata! Liberos relinquere postero die constituit.

Noverca, Hansello Gretellaque excitatis, eos in silvam duxit. Hansellus tam celeriter excitatus erat ut lapillos colligere non posset. Noverca autem filiis panem dedit, et Hansellus micas in terra posuit. Cum noverca iterum excurrisset, Hansellus et Gretella micas sequi conati sunt. Eheu, dum filii et noverca ambulant, aves micas omnes ederant! Viam invenire non potuerunt!

Miseri liberi domum suam multas horas petiverunt, sed nihil invenerunt. Tandem pulcherrimam domum viderunt! Domus crustis et dulcibus et frugibus facta erat, et tectum melle tinctum erat. Hansellus Gretellaque esurientes ad domum accurrit. Gretella, quae celerior fratre erat, ad domum advenit et partem fenestrae rapuit. Dulcissima erat! Mox liberi muros, fenestras, ianuam, et tectum gustaverant. Repente vocem e domo audiverunt:

Liberi errantes,
Peresurientes,
Laete rodentes
Domum meam —

Non debetis,
Certe enim satis
Antea edistis.
Vos rapiam!

Et anus quae domi habitabat comam Hanselli Gretellaeque rapuit. Mala anus Hansellum et Gretellam in carcerem coegit. Ianua camerae obserata, liberi exire non poterant. Anus maga domum struxerat ut liberos caperet, ei enim liberos edere placebat.

Maga autem tam male videre poterat ut liberos videre non posset, sed eos audire et olfacere. Quotidie maga liberos multo cibi saginabat et magnam ollam parabat in qua liberos coqueret. At quoniam maga paene caeca erat, Hansellus, os galli porrigens, ait, "Tam macri sumus ut nos coquere non possis! Vide! Digitum meum tange!" Et maga, os digitum Hanselli esse credens, non liberos coquebat.

Quodam die autem maga maxime esurit. "Liberos edam utrum macros an pingues!" clamavit. Magno igne in furno facto, maga Hansellum rapuit! Maga

Hansellum perterritum in olla farsit et puerum ad ⁸⁰ furnum portare coepit. En, Gretella, quae in culinam incurrerat, magam quam fortissime pepulit et in furnum coegit. Hansellus, ex olla saliens, furnum obseravit. Cum maga ululared, liberi tamen plus ligni igni addiderunt, et brevi maga interfecta est. ⁸⁵ Hansellus et Gretella, multum cibi portantes, e domo magae profecti sunt. Multis horis post in via suam domum invenerunt. Pater, qui miserrimus fuerant dum liberi aberant, laetissimus fiebat. Noverca, quae liberos oderat, excurrit et numquam rediit. Patre ad ⁹⁰ domum magae ducto, liberi tantum cibi collegerunt ut numquam iterum esuriret. Familia feliciter posthac habitabat. Et illa est fabula Hanselli Gretellaeque.

CINERELLA

lim dives cum uxore et filia, Cynthia nomine, habitabat. Quodam die uxor, bellissima et optima femina, filiae dixit. "Aegresco, filia, et mox moriar, sed si bene et recte vives, tandem bona tibi accident." Paulo post femina periit. Filia, lacrimans et maerens, numquam verborum matris obliviscebatur.

Secunda aestate pater novam feminam in matrimonium duxit. Haec femina duas filias iam pepererat. Noverca et filiae crudeles erant, quae Cynthiam multum laborare cogebant. Ne cubiculum quidem puellae dabant, sed in foco Cynthiae dormiendum erat. Noverca, Cynthiam cineribus sordidam videns, ait "Non est Cynthia, est Cinerella!" Et posthac puella Cinerella potius quam Cynthia appellabatur. Mox quoque pater filiam Cinerellam appellabat. Cum Cinerella misera et sordida esset, memor tamen verborum matris, bona erat.

Olim nuntius ad domum eorum advenit. "Filius regis ballationem nuntiat. Omnes virgines invitantur," ait nuntius. Filiae novercae Cinerellae laetissimae

61

erant, filius regis enim pulcher erat, et ambae ei nubere volebant. Cinerella a patre petivit ut ea ad ballationem adiret, sed patri nihil pecuniae remansit postquam novae vestes provignis emptae erant. Cinerella certe ad
25 ballationem pallam sordidam gerens adire non poterat. Eheu, Cinerellae domi manendum erat.

Nocte ballationis, pater, noverca, et filiae novercae ad ballationem profecti sunt. Cinerella, in foco sedens et lacrimans, repente magnam lucem vidit. Femina
30 pulcherrima in media luce stabat. "Tua iuno sum. Cur lacrimas, Cynthia?" Cinerella feminae de ballatione narravit. "Sine difficultate," clamavit tutrix, et vestes Cinerellae virga tetigit. Statim sordida stola evanuit, et pulchra nova stola apparuit! Et armillae et torquis et
35 pulchri calcei vitrei apparuerunt!

"Gratias tibi ago," suspiravit Cinerella, "sed ad ballationem adhuc adire non possum. Carrum non habeo." Tutrix subridens per hortum ambulavit, peponem et octo mures virga tangens. En, pepo in
40 carrum mutatus est, et octo mures in equos candidos mutati! Tandem passer, qui de arbore alta volaverat et in carro sederat, in agitatorem mutatus erat. "Nunc ad ballationem adire potes. At domum tibi redeundum est ante tertiam vigiliam. Illo ipso tempore omnia
45 magica cessabunt." Sic locutus tutrix evanuit. Cinerella in carro ad ballationem profecta est.

Brevi Cinerella ad ballationem pervenit. Tam pulchra erat ut filius regis, eam videns, statim eam adamare inciperet. Filius regis alias puellas reliquit et
50 cum Cinerella plurimam noctis ballabat. Filius regis tam pulcher erat ut Cinerella laetissima verborum

tutricis oblivisceretur. Repente horologium duodeciens resonare coepit, quod erat tertiae vigiliae signum.

Cinerella e regia excurrens lapsa est et calceum amisit. Pro regia Cinerella mures et peponem vidit. Nimis serum erat. Cinerella domum per oppidum cucurrit, et pervenit paulo ante familiam. In foco procumbens familiam de ballatione rogavit. "O, mala erat," respondit filia novercae, "Virgo pulcherrima pervenit neque ulla alia cum filio regis ballare poterat. Tum ea excurrit tam celeriter ut nemo nostrum divinare posset quis esset." Cinerella laeta erat nec quidquam dixit. In foco dormiens de filio regis somniavit.

Interim filius regis miser erat. Nomen virginis quam amabat nesciebat. Deinde legatus, dum cameram ballationis lavat, calceum Cinerellae vitreum invenit. Statim calceum vitreum filio regis monstravit. "Virgo quae hunc calceum vitreum gerebat mihi invenienda est!" clamavit filius regis, et legatos convocavit. "Invenite, legati, puellam quae hunc calceum vitreum gerere possit. Eam in matrionium ducam," ait filius regis.

Cum legatus ad domum Cinerellae pervenit, filiae novercae calceum vitreum induere conatae sunt. Pes unius filiae nimis magnus erat neque ea calceum induere poterat. Noverca Cinerellae, quae adfinis regis fieri cupierat, digitos e pede filiae amputavit. "Nunc calceum induere potes," filiae dixit. Legatus autem, sanguinem videns, calceum non filiae novercae esse scivit. Altera filia, cui magni pedes quoque erant, suam calcem amputavit ut pedem in calceo commodaret. Iterum legatus sanguinem videns filiam novercae relegavit.

Legatus deinde Cinerellam vidit et petivit ut ea calceum indueret. "A ballatione afuit!" clamavit novercae, "calceus istius esse non potest!" Sed legatus, filii regis iussu, calceum vitreum in pede Cinerellae imponere conatus est. Simul ac calceus in pede positus erat, legatus se sponsam filii regis invenisse scivit. Cinerellam domo ad regiam duxit. Cinerella et filius regis, matrimonio coniuncti, feliciter posthac habitabant, et verba matris vera facta sunt. Et illa est fabula Cinerellae.

BELLA DORMIENS

O lim erat rex et regina quibus una
magna spes erat. Quotidie eandem optationem
faciebant, "Utinam filiam habere possimus."

Quodam die dum regina se lavat in stagno, rana
ex aqua serpsit et ait, "Quod vis esto. Uno anno filiam
paries." Cum regina ranae non crederet (quis ranae
loquenti credat?), filiam tamen optabat.

At verba ranae vera facta sunt. Uno anno regina
pulcherrimam filiam peperit. Rex tam laetus erat ut
ingentes epulas nuntiaret. Omnes cognatos, adfines,
amicos, et propinquos invitavit. Et, ut filia bonam
fortunam haberet, Feminas Sapientes invitavit. Erant
tredecim Feminae Sapientes, sed regi tantum erant
duodecim vasa aurea. Rex tantum duodecim ex
Feminis invitavit, neque autem tredecima Femina
invitata est.

Omnes gavisi sunt maxime. Epulis destitis,
quisque Femina Sapiens filiae donum mirabile dedit.
Una honestatem dedit, altera pulchritudinem, tertia
divitias, et cetera. Undecimo dono dato, sonum in

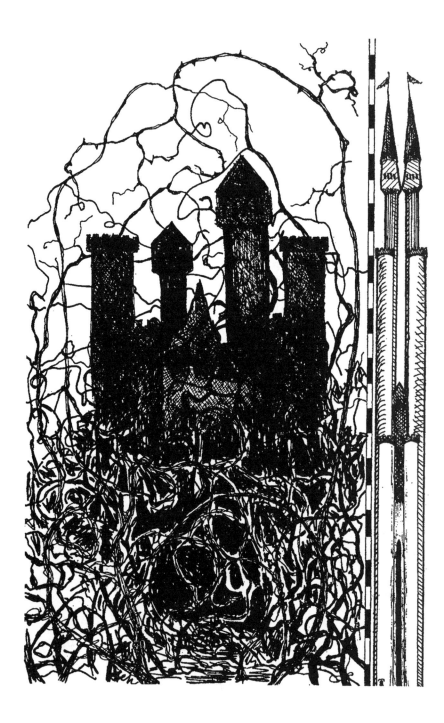

atrio auditum est. Tredecima Femina Sapiens, quae non invitata erat, in regiam cucurrit clamans:

"Anno quindecimo filia regis fuso se punget et cadet mortua!!!"

Hospites perterriti erant, nec quisquam scivit quid facerent. Duodecima Femina Sapiens autem, quae non iam donum dederat, ait molliter, "Non hanc imprecationem eripere possum, sed eam minuere possum. Filia regis cadet, neque autem mortua. Potius cadet et dormiet centum annos. Hoc meum donum est." Rex suam filiam centum annos dormire nolebat, itaque omnes fusos in regno incendi iussit.

Tempore intermisso, precationes Feminarum Sapientium factae sunt. Numquam fuerat puella tam pulchra et astuta et pudens et bona. Omnes eam amabant. Et alius annus alium secutus est donec quindecimus annus ad filiam regis pervenit.

Accidit ut illo die nec rex nec regina in regia adesse posset. Sola, filia per regiam perambulare statuit. Per multas cameras ambulavit et tandem in antiquam turrim iniit quam numquam antea viderat. In summis scalis angustis erat parva porta. Filia regis scalas scandit et portam aperuit. In camera anus sedit et nevit, fusum in manu tenens.

"Salve, anus," dixit filia regis, "Quid facis?"

"Neo, puella," respondit anus annuens.

"Nes?" rogat filia, "Quid est 'nere,' et quid tenes quod rotatur tam rapide?" Et ea tetendit manum ut fusum caperet et nere temptaret. Sed simul ac fusum tetigit, digitus punctus est, et cadet filia in somnum profundissimum, imprecatione tredecimae Feminae Sapientis.

Profecto, imprecatio incidit in omnem regionem. Rex et regina dormivit in soliis suis, et omnis aula quoque dormivit. Aves circum regionem, et omnes canes et
55 feles et equi dormiverunt. Etiam ignis, qui saluerat in foco, evanuit. Coquus in culina, ianitor, et omnes servi dormiverunt. Et tandem ingentes arbores spinosae e terra emerserunt et regiam saepserunt. Tanta erat imprecatio tredecimae Feminae Sapientis.
60 Tempore intermisso, fabulae narrabantur de regia spinis saepta. Agricolae narrabant liberis de rege, regina, et eorum filia. Narrabant filiam pulcherrimam, sapientissimam, et astutam fuisse. Multi fortes filiam regis servare temptaverunt, nec quisquam trans arbores
65 spinosas transire poterat. Populus puellam Bellam Dormientem appellabat.

Multis annis post, filius regis fabulam audivit de puella pulcherrima quae semper dormiebat. "Mihi servanda est Bella Dormiens," ait filius regis, sed senex
70 qui ei fabulam narraverat negavit, "nemo spinas transire potest." "Non timeo," clamavit filius regis, "transibo spinas et servabo Bellam Dormientem!" Et statim profectus est ad regiam.

Filius regis nescit se advenire ad regiam illo ipso
75 die qui centennium imprecationis finiat. Mirabile visu, spinosae arbores mutatae sunt in flores. Filius regis perambulavit per flores et intravit in regiam. Cum imprecatio finita esset, quisque tamen adhuc dormiebat. Omnes homines et omnia animalia dormiebant. Filius
80 regis vidit regem in solio dormientem, et coquum in culina dormientem, et equum in stabulo dormientem. Tandem intravit in cameram in antiqua turri. "En!,"

putavit filius regis videns Bellam Dormientem, "pulcherrima est! Certe est filia regis!" Se flexit et Bellam Dormientem osculatus est. Haec e somno 85 centenniali statim excitata est et subrisit.

Illo tempore omnes e somno excitati sunt. Rex et regina et servi oculos triverunt, bracchia tetenderunt, et circumspexerunt. Omnes laetissimi erant.

Filius regis et Bella Dormiens iuncti sunt illo die 90 et habitabant in regia feliciter posthac. Et illa est fabula Bellae Dormientis.

GLOSSARY

Abeo, abire, abii, abitum — v., to go away, leave
Absum, abesse, afui — v., to be away
Accido, accidere, accidi — v., to fall down, happen
Accumbo, accumbere, accubui, accubitum — v., to lie down
Accurro, accurrere, accurri, accursum — v., to run to
Acus, acus, m. — n., needle
Ad — prep (with accusative), to, towards, near, at
Adambulo, -are, -avi, -atum — v., to walk by, walk near
Addo, addere, addidi, additum — v., to add, give, bring
Adduco, adducere, adduxi, adductum — v., to lead to, bring to
Adeo — adv., so, so far
Adeo, adire, adivi, aditum — v., to go to, go towards
Adfinis, -is — adj., neighboring, related by marriage (cf. Cognatus)
Adhuc — adv., still
Aditus, aditus, m. — n., entrance, access, approach
Adquiro, adquirere, adquisivi, adquisitum — v., to get, acquire
Adsum, adesse, adfui — v., to be present
Advenio, advenire, adveni, adventum — v., to arrive, come to
Aedes, aedis, f. — house (= temple in plural)
Aedifico, -are, -avi, -atum — v., build, construct
Aeger, aegra, aegrum — adj., sick, ill
Aegresco, aegrescere — v., to fall ill, become troubled
Aestas, aestatis, f. — n., summer
Aestimo, -are, -avi, -atum — v., to appraise, value
Ago, agere, egi, actum — v., to do, drive (Gratias agere = to thank)
Agricola, -ae, m. — n., farmer
Ager, agri, m. — n., field
Agitator, agitatoris, m. — n., charioteer, driver
Ait — v., He says, she says, he said, she said
Aiunt — v., They say, they said
Alienus, -a, -um — adj., belonging to another, strange, foreign

Aliquis, aliquid — pron., *someone, something, anyone, anything*
Alius, -a, -ud — adj., another, one ... another, other (of more than two, cf. Alter)
Alo, alere, alui, altum — v., to nourish, feed
Alter, altera, alterum — adj., the other, the one ... the other (of two), the second
Altus, -a, -um — adj., high, deep
Ambo, ambae, ambo — adj., both
Ambulo, -are, -avi, -atum — v., to walk
Amicus, -i, m. — n., friend; adj., friendly
Amitto, amittere, amisi, amissum — v., to lose, send away
Amo, -are, -avi, -atum — v., to love
Amputo, -are, -avi, -atum, — v., to cut off, prune
Ancilla, -ae, f. — n., maid-servant
Anglus, -i, m. — n., Englishman
Angustus, -a, -um — adj., narrow, thin
Anilis, anile — adj., of (or like) an old woman (from Anus)
Animal, animalis, n. — n., animal
Animus, -i, m. — n., mind, heart, character
Annuo, annuere, annui, annutum — v., to nod, ascent
Annus, -i, m. — n., year
Ante — prep (with accusative), before
Antea — adv., before, beforehand
Antiquus, -a, -um — adj., old, ancient
Antrum, -i, n. — n., cave, hollow
Anulus, -i, m. — n., ring
Anus, -us, f. — n., old woman
Aperio, aperire, aperui, apertum — v., to open
Appareo, apparere, apparui, apparitum — v., to appear, become evident
Appello, -are, -avi, -atum — v., to call, name
Appono, apponere, apposui, appositum — v., to put near, put on, serve (food)
Appropinquo, -are, -avi, -atum — v., approach, go towards
Aqua, -ae, f. — n., water
Arbor, arboris, f. — n., tree
Arca, -ae, f. — n., chest, box, coffin
Armilla, -ae, f. — n., bracelet
Ars, artis, f. — n., art, skill
Asper, aspera, asperum — adj., rough, harsh, difficult
Astutus, -a, -um — adj., clever
At — conj., but
Ater, atra, atrum — adj., black, dark
Atrium, -i, n. — n., atrium, hall
Audeo, audere, ausum — v., to dare, be bold
Audio, audire, audivi, auditum — v., to hear
Aula, -ae, -f. — n., courtyard, court

Aureus, -a, -um — adj., golden
Auris, auris, f. — n., ear
Aurum, -i, n. — n., gold
Autem — conj., however
Avia, -ae, f. — n., grandmother
Avidus, -a, -um — adj., greedy, desirous
Avis, avis, f. — n., bird
Ballatio, ballationis, f. — n., dance, dancing
Ballo, -are, -avi, -atum — v., to dance
Barba, -ae, f. — n., beard
Bellus, -a, -um — adj., beautiful, lovely
Bibo, bibere, bibi — v., to drink
Bombyx, bombycis, m. or f. — n., silkworm, silk
Bonus, -a, -um — adj., good
Bracae, bracarum, f. pl. — n., trousers
Bracchium, -i, n. — n., arm (of the body), limb
Brevis, -e — adj., short, brief
Cado, cadere, cecidi, casum — v., to fall, die
Caecitas, caecitatis, f. — n., blindness
Caecus, -a, -um — adj., blind OR unseen
Caelum, -i, n. — n., sky, heavens
Caeruleus, -a, -um — adj., blue, sky blue
Calceus, -i, m. — n., shoe
Calidus, -a, -um — adj., hot, warm
Callidus, -a, -um — adj., clever, sly
Calx, calcis, f. — n., heel
Camera, -ae, f. — n., room
Caminus, -i, m. — n., forge, fireplace, chimney
Candidus, -a, -um — adj., white, shining white
Canis, canis, m. — n., dog
Cano, canere, cecini, cantum — v., to sing, chant
Capillus, -i, m. — n., a hair (cf. Coma)
Capio, capere, cepi, captum — v., seize, grab, catch
Capistrum, -i, n. — n., halter
Captivus, -a, -um — adj., captured, imprisoned
Caput, capitis, n. — n., head
Carcer, carceris, m. — n., cell
Carmen, carminis, n. — n., song, tune, poem
Carrus, -i, m. — n., carriage
Carus, -a, -um — adj., dear, pleasing, expensive
Caseus, casei, m. — n., cheese
Caveo, cavere, cavi, cautum — v., to be cautious, beware, guard against
Cedo, cedere, cessi, cessum — v., to proceed, give way, yield

Celer, -is, -e — adj., swift, fast

Celo, -are, -avi, -atum — v., to hide, conceal

Cena, -ae, f. — n., meal, dinner

Censeo, censere, censui, censum — v., to reckon, judge, consider

Centennialis, -e — adj., one hundred years long

Centennium, -i, n. — n., one hundred years

Centum — indeclinable adj., one hundred

Certe — adv (from Certus), surely, indeed

Certus, -a, -um — adj., sure, certain

Cesso, -are, -avi, -atum — v., to leave off, stop working

Ceteri, -ae, -a — adj., the rest, so on

Cibus, -i, m. — n., food, meal

Cicatrix, cicatricis, f. — n., scar

Cinis, cineris, m. — n., ashes

Circum — prep (with accusative) around

Circumspicio, circumspicere, circumspexi, circumspectum — v., to look around

Civis, civis, c. — n., citizen, subject

Clamo, -are, -avi, -atum — v., to shout, yell

Claudico, -are , -avi, -atum — v., to limp, waver

Claudo, claudere, clausi, clausum — v., to close, shut

Cloaca, -ae, f. — n., sewer, drain

Cocleare, coclearis, n. — n., spoon

Coepi, coepisse, coeptum — v., to have begun

Cognatus, -a, -um — adj., related by blood (cf. Adfinis)

Cognosco, -ere, cognovi, cognotum — v., to get acquainted with, learn, discover

Cogo, cogere, coegi, coactum — v., to compel, drive

Colligo, colligere, collegi, collectum — v., to gather, collect

Color, coloris, m. — n., color, complection

Coma, -ae, f. — n., the hair (cf. Capillus)

Commodo, -are, -avi, -atum — v., to fit, adapt

Confundo, -ere, confudi, confusum — v., to pour together, mingle, confuse

Coniungo, conuingere, coniunxi, cuniunctum — v., to join together

Conor, conari, conatum — v., to try

Consentio, consentire, consensi, consensum — v., to feel together, agree

Consido, considere, consedi, consessum — v., to sit down

Consilium, consili, n. — n., plan, advice

Constituo, constituere, constitui, constitutum — v., to establish, decide

Consto, constare, constiti, constatum — v., to stand together, stand firm

Convivium, convivi, n. — n., a feast, party

Convoco, -are, -avi, -atum -v., to call together, assemble

Coquo, coquere, coxi, coctum — v., to cook

Coquus, -i, m. — n., cook, chef

Cor, cordi, n. — n., heart

Corbis, -is, m. or f.- n., basket
Corona, -ae, f. — n., crown
Corpus, corporis, n. — m., body, torso
Cras — adv., tomorrow
Crater, crateris, m. — n., bowl
Credo, credere, credidi, creditum — v., to believe
Cresco, crescere, crevi, cretum — v., to grow
Crimen, criminis, n. — n., accusation, crime
Crudelis, -e — adj., cruel
Crustum, -i, n. — n., cake
Cubiculum, -i, n. — n., bedroom
Cubile, -is, n. — n., bed, resting-place
Cubo, -are, -ui, -itum — v., lie , rest
Culina, -ae, f. — kitchen
Cum — prep., with; conj., when, although, because
Cunctus, -a, -um — adj., all, as a whole
Cupio, cupere, cupivi, cupitum — v., to desire, want
Cur — interrogative adv., why
Curo, -are, -avi, -atum — v., to care for
Curro, currere, cucurri, cursum — v., run
Custodio, custodire — v., to stand guard
De — prep., down from
Debeo, debere, debui, debitum — v., to owe, also used for "ought"
Decalesco, decalescere — v., to cool down
Defessus, -a, -um — adj., tired, weary
Deinde — adv., then, next
Demitto, demittere, demisi, demissum — v., to send down, lower
Denarius, -i, m. — n., a coin worth ten asses
Dens, dentis, m. — n., tooth
Depono, deponere, deposui, depositum — v., to put down
Descendo, descendere, descendi, descensum — v., to climb down, descend
Desisto, desistere, destiti, destitum — v., to withdraw, leave off, finish
Dico, dicere, dixi, dictum — v., say
Digitus, -i, m. — finger, toe
Dies, diei, m. — day (sometimes feminine)
Discedo, discedere, discessi, discessum — v., to go away, separate
Disco, discere, didici — v., to learn
Diu — adv., for a long time
Dives, divitis — adj., rich, wealthy
Divino, -are, -avi, -atum — v., to guess, find out
Divitiae, divitiarum, f. pl. — n., riches, wealth
Do, dare, dedi, datum — v., give
Doleo, dolere, dolui — v., to suffer, grieve

Dolus, -i, m. — n., trick, trap
Domus, -us, f. — n., house, home
Donec — conj., until, so long as
Donum, -i, n. — n., gift
Dormesco, dormescere — v., to fall asleep
Dormio, dormire, dormivi, dormitum — v., to sleep
Duco, ducere, duxi, ductum — v., to lead
Dulcis, -e — adj., sweet
Dum — conj., while
Duo, duae, duo — adj., two
Duodeciens — adv., twelve times
Duodecim — indeclinable adj., twelve
Duodecimus, -a, -um — adj., twelfth
Durus, -a, -um — adj., hard, harsh, strong
Ecce — int., lo, behold, look
Edo, edere, edi, esum — v., to eat
Edo, edere, edidi, editum — v., to give away, bring forth
Educo, educere, eduxi, eductum — v., to lead out, raise up
Ego, mei, mihi, me — pron., I, me
Eheu — int., alas, woe
Emergo, emergere, emersi, emersum — v., to rise up, come forth, cause to rise up
Emo, emere, emi, emptum — v., to buy
En — int., lo, behold
Enim — conj., for
Eo, ire, ivi, itum — v., to go
Epulae, -arum, f. pl. — n., feast
Eques, equitis, m. — n., knight, horseman
Equidem — adv., certainly, for my part
Equito, -are — v., to ride a horse
Equus, -i, m. — horse
Ergo — conj., therefore, then
Eripio, eripere, eripui, ereptum — v., to snatch away, remove
Erro, -are, -avi, -atum — v., to wander
Esculentus, -a, -um — adj., edible, good to eat
Esurio, esurire — v., to be hungry
Et — conj., and
Etiam — adv., also, even
Evanesco, evanescere, evanui — v., fade, diminish, pass away
Ex — prep (with ablative), out of
Excito, -are, -avi, -atum — v., excite, rouse, wake
Excurro, excurrere, excurri, excursum — v., to run away, flee
Exeo, exire, exii, exitum — v., to go out, leave
Expello, expellere, expuli, expulsum — v., to drive out, push away

Exsilio, exsilire, exsilui — v., to leap out

Exspecto, -are, -avi, -atum — v., to await, hope for, expect

Faba, -ae, f. — n., bean

Fabula, -ae, f. — n., story

Facies, faciei, f. — n., face, image, appearance

Facilis, -e — adj., easy

Facio, facere, feci, factum — v., to make, do

Fallo, fallere, fefelli, falsum — v., to deceive, trick, lie to

Fames, famis, f. — n., hunger, famine

Farcio, farcire, farsi, fartum — v., to stuff full

Fascis, -is, m. — bundle, packet

Fauces, faucium, f. pl. — n., throat

Feles, felis, f. — n., cat

Felix — adj., happy, lucky, fertile

Femina, -ae, f. — n., woman, lady

Fenestra, -ae, f. — n., window

Fero, ferre, tuli, latum — v., to bring, bear

Filia, -ae, f. — n., daughter

Filius, -i, m. — n., son

Finio, finire — v., to bound, restrain, limit, end, finish

Finis, finis, m. — n., end, border

Fio, fieri, factum — v., to become, appear, be made (passive of Facio)

Flecto, flectere, flexi, flexum — v., to bend

Flo, -are, -avi, -atum — v., to blow

Flos, floris, m. — n., flower, blossom

Flumen, fluminis, n. — n., river, stream

Focus, -i, m. — n., hearth, fireplace

Foedus, -a, -um — adj., ugly, foul

Forma, -ae, f. — n., shape, form, image

Formosus, -a, -um — adj., shapely, beautiful

Fortasse — adv., perhaps

Forte — adv., by chance

Fortis, -e — adj., strong, brave

Fortuna, -ae, f. — n., luck, fortune

Forum, -i, n. — n., open square, market

Fragmentum, -i, n. — n., broken piece, fragment

Frango, frangere, fregi, fractum — v., to break, shatter

Fratr, fratris, m. — n., brother

Fremo, fremere, fremui, fremitum — v., to roar, growl

Frigidus, -a, -um — adj., cold

Frux, frugis, f. — fruit

Fugio, fugere, fugi, fugitum — v., to flee, run away

Fur, furis, c. — n., thief, burglar

Furiosus, -a, -um — adj., furious, very angry

Furnus, -i, m. — n., oven

Fusus, -i, m. — n., spindle

Gallina, -ae, f. — n., hen

Gaudeo, gaudere, gavisum — v., to rejoice, celebrate

Gena, -ae, f. — n., cheek

Germania, -ae, f. — n., Germany

Gero, gerere, gessi, gestum — v., to carry, bear, wage (war), wear (clothing)

Gigas, gigantis, m. — n., giant

Gigno, gignere, genui, genitum — v., to give birth to, sire

Gloriosus, -a, -um — adj., proud, vain, famous

Gratia, -ae, f. — n., grace, thanks

Gratiosus, -a, -um — adj., pleasant, favorable

Gravis, -e — adj., heavy

Gusto, -are, -avi, -atum — v., to taste, enjoy

Habeo, habere, habui, habitum — v., to have, hold

Habito, -are, -avi, -atum — v., to live, reside, dwell

Haud — adv., not, not at all

Heri — adv., yesterday

Hic, haec, hoc — pron., this

Hiems, hiemis, f. — n., winter

Hodie — adv., today

Holus, holeris, n. — n., vegetable, herb

Homo, hominis, m. — n., man, person

Homunculus, -i, m. — n., little man, dwarf

Honestas, honestatis, f. — n., honesty

Honestus, -a, -um — adj., honest, honorable

Honor, honoris, m. — n., honor

Hora, -ae, f. — n., hour (N.B., prima hora = 7:00 a.m., secunda hora = 8:00 a.m.)

Horologium, -i, n. — n., clock

Hortus, -i, m. — n., garden

Hospes, hospitis, c. — n., host, guest

Humilis, -e — adj., earthly, low, humble

Humus, -i, f. — n., ground, earth

Iacio, iacere, ieci, iactum — v., to throw, hurl

Iam — adv., now, still, yet, already

Ianitor, ianitoris, m. — n., doorman, butler

Ianua, -ae, f. — n., door, entrance

Ico, icere, ici, ictum — v., to strike

Ictus, -us, m. — n., stroke, blow

Idoneus, -a, -um — adj., fit, suitable, appropriate

Ientaculum, -i, n. — n., breakfast

Ignis, ignis, m. — fire, flame

Ille, -a, -ud — pron., that

Imperator, imperatoris, m. — n., emporer, commander

Imperitus, -a, -um — adj., unskilled, ignorant

Impero, -are, -avi, -atum — v., to give an order, order

Imprecatio, imprecationis, f. — n., curse

In — prep., in, on (when followed by abl.), into, onto (when followed by acc.)

Incendo, incendere, incendi, incensum — v., to burn, set fire to

Incido, incidere, incidi, incasum — v., to fall upon, happen to

Incipio, incipere, incepi, inceptum — v., to begin, start

Includo, includer, inclusi, inclusum — v., to enclose, shut in

Incurro, incurrere, incurri, incursum — v., to run into, attack

Induo, induere, indui, indutum — v., to put on (clothing)

Industius, -a, -um — adj., diligent

Ineo, inire, inii, initum — v., to go in, go into

Infelix — adj., unhappy, unfortunate, unlucky

Inflo, -are, -avi, -atum — v., to blow in, blow into

Ingens, ingentis — adj., huge, enormous

Insolitus, -a, -um — adj., unaccustomed, strange

Inspicio, inspicere, inspexi, inspectum — v., to look into, view, examine

Instar — n., like, the image of (indeclinable noun)

Intellego, intellegere, intellexi, intellectum — v., to discern, understand

Interdum — adv., sometimes

Interficio, interficere, interfeci, interfactum — v., to kill

Intermitto, intermittere, intermisi, intermissum — v., to pass (time), leave free

Interim — adv., meanwhile

Intro, -are, -avi, -atum — v., to enter, go in

Invenio, invenire, inveni, inventum — v., to find, come upon

Invidiosus, -a, -um — adj., envious, jealous

Invito, -are, -avi, -atum — v., invite

Ipse, -a, -um — intensive pron., himself, herself, itself

Irascor, irasci, iratus — v., to grow angry; Iratus = angry

Is, ea, id — pron., this, that, him, her, it, them, ...

Iste, ista, istud — pron., that of yours, that (usually disparaging)

Ita — adv., so, thus, yes

Itaque — conj., and so

Iterum — adv., again

Itidem — adv., likewise

Iubeo, iubere, iussi, iussum — v., to order

Iungo, iungere, iunxi, iunctum — v., to join, marry

Iuno, Iunonis, f. — n., queen of the gods (lower case = female's protective spirit)

Ius, iuris, n. — n., right, law OR n., soup, broth

Iussu — adv., by order (usually with genitive)

Iustus, -a, -um — adj., just, fair, right

Iuevenis, -is — adj., young, youthful

Iuvo, -are, iuvi, iutum — v., to help

Labor, laboris, m. — n., task, chore, work

Labor, labi, lapsum — v., to slip, fall

Laboro, -are, -avi, -atum — v., to work

Lac, lactis, n. — n., milk

Lacerna, -ae, f. — n., cloak, hood

Lacrima, -ae, f. — tear

Lacrimo, -are, -avi, -atum — v., to cry, weep

Laedo, laedere, laesi, laesum — v., to harm. injure

Laetus, -a, -um — adj., happy

Lana, -ae, f. — n., wool

Lapillus, -i, m. — n., pebble, small stone

Lateo, latere, latui — v., to lie hidden, be concealed

Later, lateris, m. — n., brick, tile

Latericius, -a, -um — adj., made of brick

Latro, latronis, m. — n., thief, robber

Latus, -a, -um — adj., wide, broad

Laudo, -are, -avi, -atum — v., to praise, commend

Lavo, -are (or -ere), lavi, lautum (or lotum or lavatum) — v., to wash, clean

Legatus, -i, m. — n., lieutenant, envoy, officer

Letalis, -e — adj., fatal, deadly

Liber, -a, -um — adj., free

Liberi, -orum, m. — n., children

Lignator, lignatoris, m. — n., woodsman, woodcutter

Ligneus, -a, -um — adj., wooden

Lignum, -i, n. — n., wood

Linum, -i, n. — n., linen, thread, rope

Locus, -i, m. — n., place, site

Longus, -a, -um — adj., long, far

Loquor, loqui, locutus — v., talk, speak

Luceo, lucere, luxi — v., to shine, be bright

Ludo, ludere, lusi, lusum — v., to play, trick

Lugeo, lugere, luxi — v., to mourn

Lupus, -i, m. — n., wolf

Lux, lucis, f. — n., light, daylight

Macer, macra, macrum — adj., thin, lean

Maereo, maerere — v., to mourn, grieve

Maestus, -a, -um — adj., sad

Maga, -ae, f. — n., witch

Magicus, -a, -um — adj., magic

Magnus, -a, -um — adj., great, large, big

Magus, -i, m. — n., magician, sorcerer

Maior, maius — adj., larger, greater (comparative of Magnus)

Malo, malle, malui — v., to prefer

Malum, -i, n. — n., apple

Malus, -a, -um — adj., bad, evil

Mane — adv., morning, in the morning

Maneo, manere, mansi, mansum — v., to remain, stay

Manus, -us, f. — n., hand, band

Maritus, -i, m. — n., husband

Mater, matris, f. — n., mother

Matrimonium, -i, n. — n., marriage

Maxime — adv., very much, most (from Maxime)

Maximus, -a, -um — adj., very large, largest (superlative of Magnus)

Medicus, -i, m. — n., doctor

Medius, -a, -um — adj., the middle of

Mel, mellis, n. — n., honey

Melior, melius — adj., better (comparative of Bonus)

Memini, miminisse — v., to remember, be mindful

Memor, memoris — adj., mindful, remembering, thoughtful

Mendax, mendacis — adj., lying, untrue

Mendicus, -i, m. — n., beggar

Mensa, -ae, f. — n., table

Mensis, mensis, m. — n., month

Mentum, -i, n. — n., chin

Mereo, merere, merui, meritum — v., to earn, deserve

Mergo, mergere, mersi, mersum — v., to plunge, immerse, sink

Meus, -a, -um — adj., my, mine

Mica, -ae, f. — n., crumb, grain

Miles, militis, m. — n., soldier

Milia, milium — n. pl., thousands

Mille — indeclinable adj., one thousand

Minime — int., no (also adverb from Minimus)

Minimus, -a, -um — adj., very small, smallest (superlative of Parvus)

Minor, minus — adj., smaller (comparative of Parvus)

Mirus, -a, -um — adj., wonderful, strange, extraordinary

Miser, misera, miserum — adj., wretched, sad

Minuo, minuere, minui, minutum — v., to reduce, make less

Mirabilis, -e — adj., wonderful, amazing

Miror, mirari, miratum — v., to wonder, be amazed

Misereor, misereri, miseritum — v., to pity, have pity upon (+ Genitive)

Misericordia, -ae, f. — n., pity

Mitto, mittere, misi, missum — v., send, dispatch

Modo — adv., just, nearly

Modus, -i, m. — n., method, manner (Quo modo = By what method = How)

Mollio, mollire — v., to soften, soothe

Mollis, -e — adj., soft, mild, gentle

Molo, molere, molui, molitum — v., to grind

Moneo, monere, monui, monitum — v., to warn, advise

Mons, montis, m. — n., mountain

Monstro, -are, -avi, -atum — v., to show, demonstrate

Mordeo, modere, momordi, morsum — v., to bite

Morior, mori, mortuum — v., to die

Mors, mortis, f. — n., death

Morsus, -us, m. — n., bite

Mortuus, -a, -um — adj., dead (from Morior)

Moveo, movere, movi, motum — v., to move

Mox — adv., soon

Multus, -a, -um — adj., many, much

Murus, -u, m. — n., wall

Mus, muris, c. — n., mouse, rat

Muto, -are, -avi, -atum — v., to change, exchange

Narro, -are, -avi, -atum — v., to tell

Nascor, nasci, natum — v., to be born

Nasus, -i, m. — n., nose

Natus, -a, -um — adj., born (from Nascor)

Ne — conj., lest, so that not

Ne ... Quidem — adv., not even

Neco, -are, -avi, -atum — v., to kill

Nego, -are, -avi, -atum — v., to say "no," deny

Nemo — pron., no one, nobody

Neo, nere, nevi, netum — v., to spin, weave, interweave

Neptis, neptis, f. — n., granddaughter

Neque (nec) — conj., and not, nor, neither ... nor

Nescio, nescire, nescivi, nescitum — to know not, to be unaware of

Neve — conj., and not

Niger, nigra, nigrum — adj., black

Nihil, n. — n. (indeclinable), nothing

Nimis — adv., too, excessively

Nisi — conj., if not, unless

Niveus, -a, -um — adj., snowy, snowy white

Nix, nivis f. — n., snow

Noctu — adv., by night

Nolo, nolle, nolui — v., to be unwilling, not want

Nomen, nominis, n. — n., name

Non — adv., not

Nonne — interrogative particle, introduces a question expecting the answer "Yes"

Noster, nostra, nostrum — adj., our, ours

Noverca, -ae, f. — n., stepmother

Novus, -a, -um — adj., new

Nox, noctis, f. — n., night

Nubes, nubis, f. — n., cloud

Nubo, nubere, nupsi, nuptum — v., to veil, (for women) marry (husband in dat.)

Nudus, -a, -um — adj., nude, bare

Nullus, -a, -um — adj., none

Numquam — adv., never

Nunc — adv., now, at this time

Nundinae, nundinarum, f. pl. — n., market-day

Nuntio, -are, -avi, -atum — v., to announce, decree

Nuntius, -i, m. — n., announcer, messenger

Nuper — adv., recently

O — int., oh

Ob — prep., on account of

Obliviscor, oblivisci, oblitum — v., to forget, ignore

Obsero, -are, -avi, -atum — v., to bolt, lock

Occulo, occulere, occului, occultum — v., to hide, cover

Occurro, occurrere, occurri, occursum — v., run into, meet (+ Dative)

Octingenti, -ae, -a — pl. adj., eight hundred

Octo — adj., eight

Oculus, -i, m. — n., eye, bud

Odi, odisse, osurus — v., to hate

Oleo, olere, olui — v., to smell, stink

Olfacio, olfacere, olfeci, olfactum — v., to smell (something), detect

Olim — adv., once, at one time

Olla, -ae, f. — n., pot

Omnis, -e — adj., all, whole

Operimentum, -i, n. — n., cover, lid

Operio, operire, operui, opertum — v., to cover, close, shut

Opes, opum, f. pl. — n., wealth

Oppidum, -i, n. — n., town

Oppugno, -are, -avi, -atum — v., to attack

Optatio, optationis, f. — n., wish

Optimus, -a, -um — adj., very good, best (superlative of Bonus)

Opto, -are, -avi, -atum — v., to hope for, wish for, choose

Opus, operis, n. — n., work, labor (Opus est = there is need)

Orior, oriri, ortum — v., to rise up, be born

Orno, -are, -avi, -atum — v., to equip, furnish, decorate

Oro, -are, -avi, -atum — v., to pray, plead

Os, oris, n. — n., mouth, face

Os, ossis, n. — n., bone

Osculo, -are, -avi, -atum — v., to kiss

Ovum, -i, n. — n., egg

Paene — prep., almost

Paenitet, paenitere, paenituit — imp. v., to be sorry (subject in accusative)

Palla, -ae, f. — n., a woman's garment

Panis, panis, m. — n., bread

Paratus, -a, -um — adj., prepared, ready

Parco, parcere, peperci, parsum — v., to spare

Pareo, parere — v., to obey

Pario, parere, peperi, partum — v., to bring forth, produce, give birth to

Paro, -are, -avi, -atum — v., prepare, provide

Pars, partis, f. — n., part, section

Parum — adv. or n., too little (from Parvus)

Parvus, -a, -um — adj., small

Passer, passeris, m. — n., sparrow

Passus, -us, m. — n., step, pace

Pater, patris, m. — n., father

Pauci, -ae, -a — adj., few

Pauper, pauperis — adj., poor

Pecunia, -ae, f. — n., money, wealth

Peior, peius — adj., worse (comparative of malus)

Pello, pellere, pepuli, pulsum — v., to beat, strike

Pendeo, pendere, pependi — v., to hang (intransitive)

Pendo, pendere, pependi, pensum — v., to weigh, pay money, judge

Pepo, peponis, f. — melon

Per — prep (with accusative), through

Perambulo, -are, -avi, -atum — v., to walk through

Percurro, percurrere, percurri, percursum — v., to run through

Percutio, percutere, percussi, percussum — v., to strike, beat

Peregrinus, -a, -um — adj., foerign, alien

Perendie — adv., the day after tomorrow

Pereo, peririe, perii, peritum — v., to die, perish

Perficio, perficere, perfeci, perfectum — v., to complete, finish

Periculum, -i, n. — n., danger, risk

Periratus, -a, -um — adj., very angry

Peritus, -a, -um — adj., skilled

Perlongus, -a, -um — adj., very long

Permaneo, permanere, permansi, permansum — v., to remain, endure

Permitto, permittere, permisi, permissum — v., to permit, allow

Perrectus, -a, -um — adj., just right

Perspicio, perspicere, perspexi, perspectum — v., to look through, examine

Perterreo, perterrere, perterrui, perterritum — v., to thoroughly frighten

Pervenio, pervenire, perveni, perventum — v., to arrive

Pes, pedis, m. — n., foot

Petasus, -i, m. — n., a broad-brimmed hat (usually worn by travellers)

Peto, petere, petivi, petitum — v., to seek, ask

Pinguis, -e — adj., fat

Pistor, pistoris, m. — n., miller, baker

Placeo, placere, placui, placitum — v., to please, be pleasing

Placo, -are — v., to soothe, calm

Plenus, -a, -um — adj., full, full of (with abl.)

Plus — indeclinable n., more

Poculum, -i, n. — n., cup, goblet

Pono, ponere, posui, positum — v., to put, place

Populus, -i, m. — n., the people, populace

Porca, -ae, f. — n., sow

Porcellus, -i, m. — n., a small pig

Porcus, -i, m. — n., pig

Porrigo, porrigere, porrexi, porrectum — v., to stretch out, offer

Porta, -ae, f. — n., door

Porto, -are, -avi, -atum — v., to carry

Posco, poscere, poposci — v., to request, demand

Possum, posse, potui — v., to be able (with infinitive)

Post — adv. or prep (with accusative), after

Postea — adv., afterward

Posterus, -a, -um — adj., next

Posthac — adv., from now on, afterwards

Postulo, -are, -avi, -atum — v., to demand, claim

Potens — adj., powerful

Potius — adv., rather

Praeter — prep., along side, beyond, except

Praeterea — adv., further, besides

Praetor, praetoris, m. — n., leader, chief, judge

Pratum, -i, n. — n., meadow, field

Pravus, -a, -um — adj., crooked, deformed, perverse

Precatio, precationis, f. — n., prayer, blessing

Precor, -ari, precatum — v., to pray, beg

Primus, -a, -um — adj., first

Prius — adv., — earlier, before

Privigna, -ae, f. — n., stepdaughter

Privignus, -i, m. — n., stepson

Pro — prep (with ablative), in front of, in favor of

Procul — adv., far, far off

Procumbo, procumbere, procubui, procubitum — v., to lean forward, lie down

Profecto — adv., certainly

Proficiscor, proficisci, profectum — v., to set out

Profundus, -a, -um — adj., deep

Proles, prolis, f. — n., offspring, descendants

Propinquus, -a, -um — adj., neighboring

Propter — prep (with accusative), in front of, on account of

Proximus, -a, -um — adj., very near, nearest, preceding

Provenio, provenire, proveni, proventum — v., to come on, appear, (plants) grow

Pudens — adj., modest

Puella, -ae, f. — n., girl

Puer, pueri, m. — n., boy

Pulcher, pulchra, pulchrum — adj., beautiful, lovely

Pulchritudo, pulchritudinis, f. — n., beauty

Puls, pultis, f. — n, porridge

Pulsatio, pulsationis, f. — n., knocking, beating

Pulso, -are, -avi, -atum — v., to strike, beat, knock

Pungo, pungere, punxi, punctum — v., to prick, poke

Punio, punire — v., to punish

Puto, -are, -avi, -atum — v., think

Quaero, quaerere, quaesivi, quaesitum — v., to seek, ask

Quaeso — int., please

Quam — interrogative adv., how

Quantum — interrogative adv., how much

Quasi — conj., as if

Quasso, -are, -avi, -atum — v., to shake, shatter

Queror, queri, questum — v., to complain

Qui, quae, quod — rel. pron., who, whom, which, ...

Quia — conj., because

Quidam, quaedam, quoddam — pron. or adj., a certain

Quidem — adv., indeed

Quindecim — adj., fifteen

Quindecimus, -a, -um — adj., fifteenth

Quinquaginta — indeclinable adj., fifty

Quinque — indeclinable adj., five

Quis, quid — interrogative pron., who, what (= someone after si, nisi, num or ne)

Quisquam, quidquam — pron., anyone, anything (usually after a negative)

Quisque, quidque — pron., each, every, everyone

Quo — interrogative adv., To what place, where

Quoniam — conj., since, whereas

Quoque — adv., also

Quot — adv., how many, as many

Quotidie — adv., every day, daily

Ramus, -i, m. — branch

Rana, -ae, f. — n., frog

Rapidus, -a, -um — adj., swift, rapid

Rapio, rapere, rapui, raptum — v., to seize, snatch, plunder
Rapum, -i, n. — n., turnip
Recipio, recipere, recepi, receptum — v., to hold back, receive, recover
Recognosco, recognoscere, recognovi, recognitum — v., to recognize
Rectus, -a, -um — adj., straight, right, proper
Reddo, reddere, reddidi, redditum — v., to return, give back
Redeo, redire, redii, reditum — v., to return, go back
Regia, -ae, f. — n., castle, palace
Regina, -ae, f. — n., queen
Regio, regionis, f. — n., region, area
Regnum, -i, n. — n., kingdom, reign
Relego, -are, -avi, -atum — v., to send away, banish
Relinquo, relinquere, reliqui, relictum — v., to leave behind, abandon
Reor, reri, ratum — v., to think, suppose, judge
Reparo, -are, -avi, -atum — v., repair, fix
Repello, repellere, reppuli, reppulsum — v., to drive back, drive away, banish
Repente — adv., suddenly
Repo, repere, repsi, reptum — v., to creep, crawl
Resono, -are, -avi, -atum — v., to sound, echo
Respondeo, respondere, respondi, responsum — v., answer, respond
Restituo, restituere, restitui, restitutum — v., to restore, repair, replace
Retineo, retinere, retinui, retentum — v., to hold back, restrain
Revenio, revenire, reveni, reventum — v., to return, come back
Revoco, -are, -avi, -atum — v., to call back, call again
Rex, regis, m. — n., king
Rideo, ridere, risi, risum — v., to laugh
Rodo, rodere, rosi, rosum — v., to gnaw
Rogo, -are, -avi, -atum — v., to ask
Rosa, -ae, f. — n., rose
Rosetum, -i, n. — n., rose garden
Roseus, -a, -um — adj., rosy
Rota, -ae, f. — n., wheel
Roto, -are, -avi, -atum — v., to spin, twirl
Ruber, rubra, rubrum — adj., red, ruddy
Rumpo, rumpere, rupi, ruptum — v., to break, shatter, destroy
Saepe — adv., often
Saepio, saepire, saepsi, saeptum — v., to surround, hedge in
Sagino, -are, -avi, -atum — v., to fatten
Salio, salire, salui, saltum — v., to spring, leap, jump
Salve — int., hello
Sanguis, sanguinis, m. — n., blood
Sapiens, sapientis — adj., wise
Sartor, sartoris, m. — n., tailor

Satis — adv., enough
Scalae, -arum, f. pl. — n., ladder, flight of stairs
Scando, scandere, scandi, scansum — v., to climb, mount
Sceptrum, -i, n. — n., sceptre
Scio, scire, scivi, scitum — v., to know
Scribo, scribere, scripsi, scriptum — v., to write
Seco, secare, secui, sectum — v., to cut, cut out
Secundus, -a, -um — adj., following, second, next
Securis, -is, f. — n., axe, hatchet, the headsman's axe
Sed — conj., but
Sedeo, sedere, sedi, sessum — v., to sit
Sedo, -are, -avi, -atum — v., to soothe, calm
Sella, -ae, f. — n., chair, seat, bench
Semper — adv., always, forever
Senex, senis, m. — old man
Sentio, sentire, sensi, sensum — v., to sense, feel
Sepelio, sepelire, sepelivi, sepultum — v., to bury
Septem — adj., seven
Sepulcrum, -i, n. — n., grave, tomb
Sequor, sequi, secutum — v., to follow
Sero, serere, sevi, satum — v., to sow, plant
Serpo, serpere, serpsi, serptum — v., to crawl, creep
Serus, -a, -um — adj., late, late at night
Servo, -are, -avi, -atum — v., to save
Servus, -i, m. — n., slave, servant
Si — conj., if
Signum, -i, n. — n., signal, sign
Silva, -ae, f. — n., woods, forest
Similis, -e — adj., like, resembling
Simul — adv., at once, together; (Simul ac = as soon as)
Sinister, sinistra, sinistrum — adj., left
Sino, sinere, sivi, situm — v., to leave, let
Sisto, sistere, stiti, statum — v., to stand, set in place
Sive — conj., if, whether, (sive...sive = whether...or)
Sol, solis, m. — n., the sun
Soleo, solere, solitum — v., to be accustomed
Solium, -i, n. — n., chair, throne
Solum, -i, n. — n., bottom, ground, earth
Solum — adv., only
Solus, -a, -um — adj., alone, only
Solvo, solvere, solvi, solutum — v., to loosen, dissolve, pay off
Somnio, -are, -avi, -atum — v., to dream
Somnus, -i, m. — n., sleep

Sono, sonare, sonui, sonitum — v., to sound, make a sound
Sonum, -i, n. — sound
Sordidus, -a, -um — adj., soiled, dirty
Soror, sororis, f. — n., sister
Species, speciei, f. — n., appearance, beauty
Specto, -are, -avi, -atum — v., to look at, watch
Speculum, -i, n. — n., mirror
Spero, -are, -avi, atum — v., to hope
Spes, spei, f. — n., hope
Spina, -ae, f. — n., thorn, spike
Spinosus, -a, -um — adj., thorny
Splendeo, splendere — v., to shine, glitter
Spondeo, spondere, spopondi, sponsum — v., to promise, betroth
Sponsum, -i, n. — n., promise, agreement
Sponsum, -i, n. — n., promise, covenant
Stagnum, -i, n. — n., pond, pool
Statim — adv., immediately
Statuo, statuere, statui, statutum — v., to establish, set up, settle, decide
Sternuo, sternuere, sternui — v., to sneeze
Stola, -ae, f. — n., a woman's garment
Stramentum, -i, n. — n., straw
Stridor, stridoris, m. — n., creaking, grating
Struo, struere, struxi, structum — v., to build, contrive
Stultus, -a, -um — adj., stupid
Stupeo, stupere, stupui — v., to be stunned, be amazed
Sub — perp., under (+ abl.), under, up to (+ acc.)
Subito — adv., suddenly
Subrideo, subridere, subrisi, subrisum — v., to smile
Succido, succidere, succidi, succisum — v., to cut from below, cut down
-----, sui, sibi, se — reflexive pron., himself, herself, itself, themselves
Sum, esse, fui, futurus — v., to be
Summus, -a, -um — adj., the top of
Suo, suere, sui, sutum — v., to sew, stitch
Supero, -are, -avi., -atum — v., to surpass, conquer
Surdus, -a, -um — adj., silent, deaf
Surgo, surgere, surrexi, surrectum — v., to stand, stand up
Surripio, surripere, surripui, surreptum — v., to steal
Suscito, -are, -avi, -atum — v., to stir up, arouse, awake
Suspiro, -are, -avi, -atum — v., to sigh
Suus, -a, -um — adj., reflexive possessive: his, her, its, their (own)
Tabularium, -i, n. — n., archives, record-house
Taceo, tacere, tacui, tacitum — v., to be silent
Talentum, -i, n. — n., talent (a coin)

Talis, tale — adj., such, of such a type

Tam — adv., so

Tamen — conj., nevertheless, however

Tandem — adv., at last, finally

Tango, tangere, tetigi, tactum — v., touch

Tantum — adv., just so much, only (from Tantus)

Tantus, -a, -um — adj., so much, so great

Tectum, -i, n. — n., roof, house

Tela, -ae, f. — n., loom, web

Tempto, -are, -avi, -atum — v., to try, test

Tempus, temporis, n. — n., time

Tendo, tendere, tetendi, tentum (or tensum) — v., to stretch, reach

Teneo, tenere, tenui, tentum — v., to hold, have

Tener, tenera, tenerum — adj., delicate, tender, fine

Tero, terere, trivi, tritum — v., to rub, smooth, grind

Terra, -ae, f. — n., earth, ground

Terreo, terrere, terrui, territum — v., to frighten, scare

Terribilis, -s — adj., terrible, dreadful

Tertius, -a, -um — adj., third

Texo, texere, texui, textum — v., to weave

Textile, -is, n. — n., fabric, cloth, anything woven

Thyrsus, -i, m. — n., stalk, shoot, The wand carried by Bacchus

Timeo, timere, timui — v., to fear, be afraid

Tibia, -ae, f. — n., flute, pipe

Tibicen, tibicinis, m. — n., flute-player, piper

Timeo, timere, timui — v., to be afraid

Timidus, -a, -um — adj., frightened, timid

Timor, timoris, m. — n., fear

Tingo, tingere, tinxi, tinctum — v., to wet, moisten

Toga, -ae, f. — n., toga, an upper garment

Tondeo, tondere, totondi, tonsum — v., to shear, cut

Torquis, torquis, m. (or f.) — n., necklace, wreath

Tot — adj., so many

Totus, -a, -um — adj., all, whole

Trabea, -ae, f. — n., a fine robe, cloak

Trado, tradere, tradidi, traditum — v., to hand over

Trans — prep (with accusative), across

Transeo, transire, transii, transitum — v., to go across, pass away

Tredecim — indeclinable adj., thirteen

Tredecimus, -a, -um — adj., thirteenth

Trepidus, -a, -um — adj., disturbed

Tres, tria — adj., three

Tum — adv., then, next

Tunc — adv., then, at that time
Tunica, -ae, f. — n., tunic, sleeved garment
Turpis, -e — adj., foul, ugly
Turris, turris, m. — n., tower, turret
Tutrix, tutricis, f. — n., protectress, godmother
Tuus, -a, -um — adj., your, yours
Ubi — interrogative adv., where, in what place
Ullus, -a, -um — adj., any
Ultimus, -a, -um — adj., last, final
Ululo, -are, -avi, -atum — v., to wail, howl
Umbrosus, -a, -um — adj., shady, shadowy
Umquam — adv., ever
Uncia, -ae, f. — n., twelfth part, ounce, a twelfth of an as
Undecimus, -a, -um — adj., eleventh
Unus, -a, -um — adj., one
Urbs, urbis, f. — n., city
Ursa, -ae, f. — n., she-bear
Ursus, -i, m. — n., bear
Usque ad — prep., up to, until
Ut — conj., that, as, so
Utinam — adv., would that
Utor, uti, usum — v., to use
Utrum ... an — conj., whether ... or
Uxor, uxoris, f. — n., wife
Vacca, vaccae, f. — n., cow
Vacuus, -a, -um — adj., empty
Vas, vasis, n. — n., equipment, utensil, plate
Vasto, -are, -avi, -atum — v., to destroy, lay waste
Veho, vehere, vexi, vectum — v., to carry (Passive = to travel)
Venditor, venditoris, m. — n., seller, vendor
Vendo, vendere, vendidi, venditum — v., to sell
Veneno, -are, -avi, -atum — v., to poison
Venenum, -i, n. — n., drug, poison
Venio, venire, veni, ventum — v., to go
Venor, venari — v., to hunt
Verbum, -i, n. — n., word
Vero — adv., but, indeed
Versicolor, versicoloris — adj., multi-colored
Verus, -a, -um — adj., true, honest
Vesper, vesperis (or vesperi), m. — n., evening
Vestiarium, -i, n. — n., wardrobe, dressing room
Vestio, vestire — v., to dress
Vestis, vestis, f. — n., covering, clothing (often used in plural)

Via, -ae, f. — n., road, way

Video, videre, vidi, visum — v., to see (Passive = to seem)

Vidua, -ae, f. — n., widow

Vigilia, -ae, f. — n., watch (The night was divided into four 3-hour watches)

Vinum, -i, n. — n., wine

Vir, viri, m. — n., man

Virga, -ae, f. — n., wand, stick

Virgo, virginis, f. — n., maiden, virgin, girl

Viridis, -e — adj., green

Vis (--, --, vim, vi), f. — n., force, power, might

Visito, -are, -avi, -atum — v., to visit, frequent

Visus, -us, m. — n., vision, sight

Vita, -ae, f. — n., life

Vitreus, -a, -um — adj., glass, made of glass

Vivo, vivere, vixi, victum — v., live

Vivus, -a, -um — adj., alive, living

Voco, -are, -avi, -atum — v., to call, summon

Volo, velle, volui — v., to wish, want, be willing

Volo, -are, -avi, -atum — v., to fly

Voro, -are, -avi, -atum — v., to eat, consume, devour

Vox, vocis, f. — n., voice

Vulnero, -are, -avi, -atum — v., to wound, cut

Vulpes, vulpis, f. — n., fox

Other Titles in the Hippocrene
Latin Language Studies Library

Latin-English/English-Latin Concise Dictionary
Judith Lynn Sebesta

This concise, pocket-size dictionary, with 9,000 entries of essential classical Latin, is the perfect handy reference for students. Key grammatical information is included with each entry. Verb entries include the principal parts; noun entries include nominative and genitive singular; most adjective entries include the masculine, feminine, and neuter singular nominative forms.

354 pages · 4⅜ x 7 · 0-7818-1105-8 · $12.95pb

Ancient Rome in So Many Words
Christopher Francese

The brief word histories in this book use language as a window into the culture of ancient Rome. The author delves into the hidden story behind some common Latin words, using them not only to illustrate aspects of Roman life but to avoid traditional caricatures of the Romans as uniquely noble or depraved and find out what mattered to the Roman themselves and how they thought about it. *Ancient Rome* includes word histories of almost 100 classical Latin terms spread out across such diverse areas of ancient Roman social life as childhood, status & class, debauchery, and insults.

248 pages · 6 x 9 · 0-7818-1153-8 · $12.95pb

Grammar of the Latin Language
Leonhard Schmitz

This timeless classic for the student of Latin examines such topics as orthography, noun declension, and verb conjugation. A special section on sentence structure helps to put the grammar in context. A unique feature of this book is its analysis of etymologies, particularly the Greek origins of many Latin words. The book focuses on

Classical Latin from the "Golden" period (100-14 B.C.), but other variations of the language are also addressed.

318 pages · 5½ x 8½ · 0-7818-1040-X · $14.95pb

Treasury of Roman Love Poems, Quotations & Proverbs in Latin and English
Edited by Richard A. Branyon

This lovely bilingual gift volume contains over 70 poems, along with sonnets, proverbs and aphorisms, in Latin with side-by-side English translations. Major Latin love poems included are: Lucretius, Catullus, Virgil, Horace, Tibullus, Propertius, Ovid, Petronius, Juvenal, Pervigilium Veneris, Carmina Burana, and Joannes Secundus. This is a perfect tool for students of the Latin language.

127 pages · 5 x 7 · 0-7818-0309-8 · $11.95hc

Prices subject to change without prior notice. **To purchase Hippocrene Books** contact your local bookstore, visit www.hippocrenebooks.com, call (212) 685-4373, or write to: HIPPOCRENE BOOKS, 171 Madison Avenue, New York, NY 10016.